これで、もうまちがえない！

日本語文法 ブラッシュアップ トレーニング

仲山淳子 著

はじめに

　私はこれまで30年以上、留学生やビジネスパーソンなどに日本語を教え、学習者のさまざまな誤用を見てきました。その中で特に気になったのが、中上級に進んだ人たちに見られる基礎的な文法の間違いでした。例え複雑な文型や難しい語彙を使えていても、文の構造に関わる基本的な文法を間違ってしまうと伝えたいことは伝わりません。また助詞などの小さな間違いを繰り返していると、自分の実力より低く評価されてしまうこともあります。実際に私は、外国人を雇用している企業の方から「〇〇さんは、N1に合格しているからもっと日本語が上手だと思っていましたが、そうでもないですね」というショッキングな言葉を聞いたこともありました。さらに上級の学生から「文法に自信がなくて、うまく話したり書いたりできません。どうやって勉強したらいいでしょうか」という相談を受けたこともありました。

　この本は、どうしたらそのような人たちが正確な文法を身に付けて、自信を持って日本語のアウトプットができるようになるだろうかと考え、試行錯誤しながらまとめていったポイントが形になったものです。ですから、この本は日本語の文法テキストですが、日本語能力試験に合格するための教材ではありません。文法の仕組みを知って、自分が使いこなせるようになることを目的としています。

　この本には、特に誤用が多い「は」と「が」、受身、使役、自動詞・他動詞などを取り上げてあります。これらを間違えるとどんな意味に取られてしまうのかを知り、正しい表現を覚えて、どんどん使ってみましょう。文法に自信を持つことは、実は文法から自由になることなんです。

　文法の間違いをなくして、自由に日本語を使いこなせるようになりましょう。

　この本の素材は日本語教師養成講座や専門学校での総合日本語授業で使用した自作教材でしたが、日本語教師の勉強会コミュニティー「サタラボ」で教材を紹介し、多くの日本語教師の方から意見をいただいたことも大きなプラスとなりました。また、アルク編集部の栗山さんには企画段階から本当にお世話になりっ放しで、栗山さんなくしてこの本の完成はあり得ませんでした。そして何より一番感謝したいのは、私と関わってくれた学習者の皆さんです。皆さんのおかげでこの本を作ることができました。

　この本を使って、自信を持って日本語をアウトプットできる人が増えることを願っています。

仲山淳子

本書の使い方と構成

本書は日本語学習者の文法の間違いをなくし、正しくアウトプットできるようにするためのトレーニングブックです。教室で使う場合、「直してみよう」から「自分のことばで…！」までで1レッスン、45分程度を想定しています。（発表をする場合はもう少し時間がかかると思います。）
「自分のことばで…！」はクラスで発表したり、文集を作ったり、SNSに投稿したりしてみてください。「自分のことばで…！」を宿題にすることもできます。

どこがダメ？　学習者の実際の間違いです。例文のどこが間違っているのか、考えてみましょう。

✏️ **直してみよう**　まずは自分で直して、正しい日本語で書いてみましょう。「直してみよう」の答えは、各レッスンの最後のページの下部分にあります。

どうしてダメ？　例文がどうしてダメなのか、理由を確認しましょう。文法の間違いだけでなく、それを間違えると起こる問題などがある場合は、それについても紹介しています。①、②などの番号は、例文の番号です。番号がない場合は、例文全体について述べています。

 ポイントチェック　間違いの原因は何か、同じように間違えないようにするにはどうしたらいいのか確認しましょう。イラストや図を使って分かりやすく解説しています。このポイントをしっかり押さえておけば、正しい文が作れるはずです。

😊 **やってみよう**　正しい文を作るためのポイントがちゃんと理解できたか、例文と同じような形の文章を使ってチェックしましょう。

文法プレイバック

そのレッスンでポイントになった文法をもう一度確認したり、一緒に確認した方がいい文法の使い方を整理したりしましょう。どの文法も、自分で文を作るときに重要なものばかりです。例文は自然な日本語であることを優先するため、提示されている文型と完全に一致しない場合があります。

練習しよう① ②

レッスンで勉強したポイントを理解して使うことができるかどうかを試すための問題です。問題は、いろいろな形で出されます。何も見ないで、まずは自分の力でやってみましょう。

自分のことばで...！

レッスンで確認した文法を使って、自分の言葉で意見や経験など、日本語でアウトプットしてみます。見本はありません。あなたの言葉で自由に書いてみましょう。内容にまとまりがあるように、200字程度で書いてみてください。

> 特に気を付けてほしいことや、
> 他にも知っておいてほしいことがあるときは、
> 私が説明するよ！

文を書いて、以下のページに投稿してみませんか。
他の人の文も読んで、感想をコメントしましょう。

※注意　著者の個人ページであり、(株)アルクは関係していません (質問、問い合わせ
　　　　などは受け付けていません)。また、添削などはしていません。

URL：https://www.facebook.com/groups/536618301121886

目次
もくじ

目指せ！
めざ
文法マスター！
ぶんぽう

レッスン 01

どこがダメ？

❶ 昨日（きのう）、中国（ちゅうごく）友達（ともだち）来（き）ました。

❷ 山田（やまだ）さんお土産（みやげ）もらいました。

✏ 直してみよう

❶

❷

①「中国の」なのか「から」なのか「に」なのか、言いたいことが分からない。
②お土産をもらったのが誰なのか分からない。

だれが？　いつ？　どこへ？　どこから？　だれに？

👆 ポイントチェック

太郎	が	──	（動作の主体）	──	
花子	と	──	（動作の相手）	──	見る
7時	に	──	（動作の時間）	──	
新宿	で	──	（動作の場所）	──	
映画	を	──	（動作の対象）	──	

「が」「を」「に」「で」「と」「へ」「から」「まで」「より」は、直前の名詞と後ろに来る動詞・形容詞がどのような関係なのかを表します（「格助詞」と呼ばれます）。助詞がないと意味が伝わらないことがあるので気を付けましょう。

> 名詞と助詞のセットは順番を入れ替えることができる。つまりどの助詞を使うかは名詞と後ろに来る動詞の関係で決まり、語順で決まっているわけではないよ。
>
> 5時に駅前で友達と会う。＝　友達と駅前で5時に会う。

😣 やってみよう

正しい方を選びなさい。

1. 友達（に・が）誘われて、脱出ゲームをやってみた。
2. 京都（に・から）来てもう5年なので、京都の言葉にもすっかり慣れた。

九つの格助詞について整理しましょう。

■「が」

(1) 主体：友達が来た。／雨が降っている。

(2) 対象：私はネコが好きだ。

■「を」

(1) 対象：妹は本を読んでいる。

(2) 起点：特急列車は1時に東京駅を出た。

(3) 通過点：このバスは駅前を通る。

■「に」

(1) 存在の場所：教室にホワイトボードがある。

(2) 時間：1985年6月3日に生まれた。

(3) 到達点：目的地に着いた。

(4) 相手：恋人にチョコレートをあげた。

(5) 目的：新しい服を買いに行った。

(6) 対象：みんなの意見に賛成する。

■「で」

(1) 動作・動きの場所：毎日図書館で勉強します。

(2) 手段・方法：地下鉄で学校に来ます。

(3) 原因・理由：事故で電車が止まっている。

■「と」

(1) 相手（いなくてもできる）：両親と（一緒に）食事した。

(2) 相手（いないとできない）：弟とけんかした。

(3) 引用：明日は晴れると思う。

■「へ」

(1) 方向：来週アメリカへ行きます。

■「から」

(1) 起点：9時から授業が始まる。／韓国から参りました。

(2) 原料：豆腐は大豆から作られる。

■「まで」

(1) 到達点・終点：5時まで仕事します。／ブラジルから日本まで24時間かかる。

■「より」

(1) 起点：4月1日10時より入社式を行います。

(2) 比較：コーヒーより紅茶の方が好きです。

練習しよう①

助詞を入れて、文を完成させなさい。

1. [主体] バザー　[起点] 10時　[終点] 4時　[動作の場所] 体育館　[動詞] 行われる

_____

2. [動作の場所] 山　[主体] サル　[対象] 木の実　[動詞] 探している

_____

3. [主体] 渡り鳥　[通過場所] 大空　[動詞] 飛んでいく

_____

練習しよう②

下の絵を、日本語で文にしなさい。

_____

_____

>>>>> 自分のことばで...!

① 「いつ／どこで／誰が／何を／どうした」の情報を入れて、最近見たニュースの記事を書いてみましょう。

「直してみよう」の答え
①昨日、中国から友達が来ました。／昨日、中国の友達が来ました。／昨日、中国に(へ)友達が来ました。　②山田さんからお土産をもらいました。

どこがダメ？

❶ 私の趣味は、日本のアニメを見ます。

❷ どうして散歩が好きかというと、
歩いているときにいろいろなことを
考えられます。

 直してみよう

❶

❷

①文の始めが「私の趣味」なのに、その後ろが趣味を表す名詞になっていない。
②「どうして～かというと」の後に、理由を表す「～からです」という表現がない。

☝ ポイントチェック

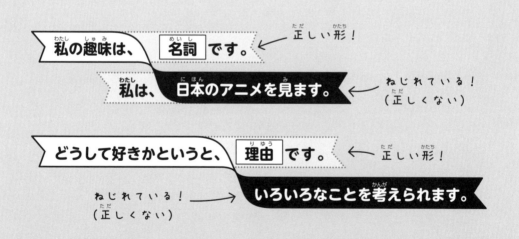

私の趣味は、 名詞 です。 ← 正しい形！

私は、 日本のアニメを見ます。 ← ねじれている！（正しくない）

どうして好きかというと、 理由 です。 ← 正しい形！

ねじれている！（正しくない） → いろいろなことを考えられます。

主部（主語がある部分）と述部（述語がある部分）の関係が合っていないことを「文がねじれている」といいます。
①の文は「私の趣味は」、②の文は「どうして～かというと」と始まっているので、①は趣味を表す名詞、②は理由を表す「～から」が来なければなりません。そのルールが守られていないと、文がねじれて変な日本語になってしまうので注意しましょう。

😝 やってみよう

正しい方を選びなさい。

1. 母の仕事は、高校で数学を (教えます・教えることです)。

2. 姉は病院でレントゲン技師を (しています・することです)。

3. どうして行きたくないかというと、お金が (ありません・ないからです)。

4. 私は2年前に日本に来て、大学で (勉強しています・勉強したいからです)。

文法 プレイバック

主部と述部を合わせなければならない文型は他にもあります。確認しておきましょう。

■ 何か (主語) を説明する文

(○○の) { 趣味は、 夢は、 仕事は、 } **名詞** / **〜動詞 (辞書形) + こと** です。

(〜した) きっかけは、 **名詞** / **〜動詞 (普通形) + こと** です。

- 将来の夢は、自分の会社をつくることです。
- 兄の仕事は、テレビディレクターです。子ども向けの番組を作っています。
- サッカーを始めたきっかけは、子どもの頃、ワールドカップを見たことです。

■ 初めに言った事実の理由や目的を言う文

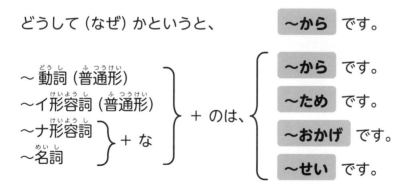

どうして (なぜ) かというと、 **〜から** です。

{ 〜動詞 (普通形) 〜イ形容詞 (普通形) 〜ナ形容詞 〜名詞 } + な } + のは、 { **〜から** です。 **〜ため** です。 **〜おかげ** です。 **〜せい** です。 }

- なぜプロ選手になる夢を諦めたかというと、試合でけがをしてしまったからだ。
- 野菜の値段が上がったのは、雨が続いたからです。
- 日本へ来たのは、バイオテクノロジーについて学ぶためです。
- 私が大学に合格できたのは、先生の指導のおかげです。

練習しよう①

次の文を正しい文に直しなさい。

1. 私の将来の夢は通訳になります。

_____

2. テストで失敗したのは、勉強する箇所を間違えました。

_____

練習しよう②

例のように書きなさい。

例 野菜の値段が上がりました。(雨が続いています)

野菜の値段が上がったのは、雨が続いているからです。

_____

1. 大勢人が並んでいます。(新しいゲームソフトが発売されます)

_____

2. 毎日ラジオを聞いています。(聴解の練習になります)

_____

3. スーツを買いました。(就職試験を受けます)

_____

自分のことばで...!

①日本語の勉強を始めたきっかけについて詳しく書いてみましょう。

②今、日本語を勉強している理由について詳しく書いてみましょう。

- -
「直してみよう」の答え
①私の趣味は、日本のアニメを見ることです。　②どうして散歩が好きかというと、歩いているときにいろいろなことを考えられるからです。

どこがダメ？

❶ デパートに行った、買い物しました。

❷ 皆さんに助けていただいた、
成功できました。

✏️ 直してみよう

❶
- -
❷
- -

どうしてダメ？　文が終わったのか、続いているのか分からない。

終わった？

終わってない？

☝ ポイントチェック

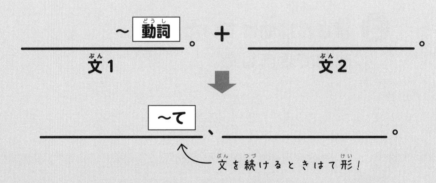

$$\underline{\sim\boxed{動詞}}_{\text{文1}}。 + \underline{}_{\text{文2}}。$$

↓

$$\underline{\boxed{\sim て}}、\underline{}。$$

← 文を続けるときはて形!

日本語の文には、次の基本的なルールがあります。

・「、」(てん) は文が続くときに使って、「。」(まる) は文の終わりに使う。

・述語が動詞で、その後にまだ文が続くときは、「て形」を使う。

①と②の「デパートに行った。＋買い物した。」「皆さんに助けていただいた。＋成功できました。」をそれぞれ一つの文にするなら、て形を使いましょう。

> 動詞の「〜ます」の「ます」を取った形でも文を続けられるよ。
> この表現は主に書き言葉で使われる。
> • 壁にもたれ、ぼんやりと空を眺めていた。
> • 食器をセットしたら、ふたを閉め、洗浄ボタンを押してください。
> • その作家は学生時代に賞を取り、有名になった。

😖 やってみよう

正しいものを選びなさい。

1. 女の人が日傘を (さした・さして・さす) 歩いている。

2. ふたを (開ける・開けた・開けて)、お湯を注いでください。

3. ドキュメンタリー映画を (見る・見て・見た)、感動した。

文法 プレイバック

「〜 動詞 (て形)、〜。」の動詞 (て形) には、いろいろな意味の使い方があります。整理しておきましょう。

(1) 順　　番：パスワードを入れて、ログインします。
(2) 手　　段：冷蔵庫にあった材料を使って、カレーを作った。
(3) 付帯状況：明日は新しいシャツを着て、出掛けよう。
(4) 理　　由：夜中に地震があって、びっくりした。
(5) 並　　列：おじいさんは山へ行って、おばあさんは川へ行った。

練習しよう①

次の二つの文をつなげなさい。

1. 野菜と肉を炒めます。　＋　調味料で味付けします。

_____

2. 昨日は友人とライブハウスに行った。　＋　コンサートを楽しんだ。

_____

3. 大通りで手を挙げた。　＋　タクシーを止めました。

_____

練習しよう②

次のように「〜て」で理由を付けて文を作りなさい。

例 飲み会に行けません。

その日は用事があって、飲み会に行けません。

---

1. 電車が止まっている。

---

2. ちょっとやる気が出た。

---

3. 新幹線に乗り遅れた。

＞＞＞＞ 自分のことばで...!

① 料理の作り方や機械の使い方について、「〜て、〜」または「動詞 ~~ます~~、〜」を使って書いてみましょう。

② 「〜て、〜」を使って、うれしかったこと、悲しかったこと、困ったことなど自分の経験を書いてみましょう。

「直してみよう」の答え
①デパートに行って、買い物しました。 ②皆さんに助けていただいて、成功できました。

どこがダメ？

❶ これは私の国でとても人気あるの
映画です。

❷ すごくおいしいのレストランを
見つけたから一緒に行こう。

❸ 昨日読んで本は難しかった。

❹ 私は中国から留学生です。

❺ あそこにいるのは同じクラス友達だ。

✏ 直してみよう

❶

❷

❸

❹

❺

どうして
ダメ?

単純な名詞の修飾が正しくできていない。

小さい間違い ✕ たくさん

＝ 分からない

ちょっと待って、
分からない！

意味は通じるかもしれないけれど、日本語の初級者だと思われてしまうよ。
小さな間違いでも、意味が分かりにくくなったり、別の意味に取られたり
することもあるから気を付けよう。

👆 ポイントチェック

動詞、形容詞の後は
「の」は入らない！

_____ の 名詞

名詞 （＋から／まで／へ／で／と）

「の」は名詞と名詞を結び付けて、後ろの名詞を詳しく説明する（修飾する）働きが
あります。名詞を修飾するときに「の」が使えるのは、名詞と、名詞＋「から／ま
で／へ／で／と」などの助詞からできたものだけです。

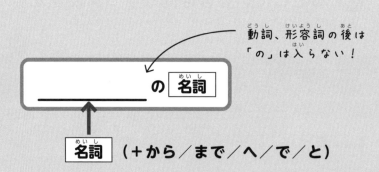

下のような場合は、必ず「の」を入れるよ。忘れないように！

1 所有：私の自転車、田中さんの家
2 所属：会社の同僚、日本語学校の先生

☺ やってみよう

正しいものを選びなさい。

1. これは大変 (珍しいな・珍しいの・珍しい) 植物です。
2. 今回のテストでは (間違った・難しい・記述) の問題は1問だけだった。
3. 先生に (聞き・聞いて・聞いた) 話では、テストは延期されるらしい。
4. 動物園に連れて行くという娘 (と・との・の) 約束を破ってしまった。
5. (山田さんに・山田さんの・山田さん) 車はイタリア製だ。

文法 プレイバック

名詞の修飾の仕方を整理しましょう。

■ 品詞ごとの修飾方法

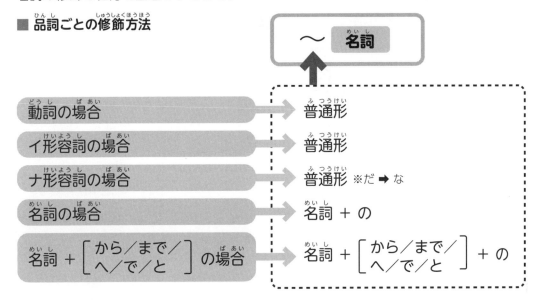

- 読まない本を片付けてください。
- 今までで一番面白かった本は何ですか。
- きれいな本をプレゼントしてもらいました。
- 日本語の本を読んでみたい。
- 母へのプレゼント／友達からの手紙／学校での思い出／大阪までの切符／娘との約束

動詞 (た形) ＋名詞には、状態を表す使い方もあるよ。
兄は眼鏡を掛けている。　➡　この、眼鏡を掛けた男性が兄です。
この車の性能は優れている。➡　この車は優れた性能で有名だ。
よく使われる例：太った猫、曲がった道、際立った特徴

練習しよう①

例のように、書きなさい。

例 映画は面白かったです。(映画＝昨日見ました)

_____昨日見た映画は面白かったです。_____

1. 作品が優秀賞に選ばれました。(作品＝1カ月かけて作品を作りました)

_____

2. ケーキを探しに行きました。(ケーキ＝見た目がきれいです ＋ 味もいいです)

_____

練習しよう②

下の絵を、日本語で文にしなさい。

田中さん　鈴木さん

_____は田中さんです。

_____は鈴木さんです。

▷▷▷▷ 自分のことばで...!

①今、自分の周りにあるものについて、できるだけいろいろな言い方で説明してみましょう。

例：これは黒のボールペンです。／日本製のボールペンです。
とても書きやすいボールペンです。／結構気に入っているボールペンです。
昨日、ペンを忘れて仕方なくコンビニで買ったボールペンです。

- -

「直してみよう」の答え
①これは私の国でとても人気がある映画です。　②すごくおいしいレストランを見つけたから一緒に行こう。　③昨日読んだ本は難しかった。
④私は中国からの留学生です。　⑤あそこにいるのは同じクラスの友達だ。

どこがダメ？

❶ みんなで考（かんが）えるのが、
いいだと思（おも）います。

❷ この件（けん）については佐藤（さとう）さんが
詳（くわ）しいだそうです。

❸ 山（やま）の上（うえ）は景色（けしき）がきれいし、
空気（くうき）もおいしいだから、
大好（だいす）きです。

✏ 直してみよう

❶
- -

❷
- -

❸

どうしてダメ？

意味は通じるけれど、「日本語があんまり上手じゃないな」と思われてしまう。

仕事の面接やプレゼンテーションなどでは、大切な場面で簡単な間違いがたくさんあると、悪い結果になってしまうかもしれないから気を付けよう！

○○が得意し、…。
○○をするのとき、…。

本当にＮ２持ってる…？

えっ

あまり上手じゃないなあ…。

う～ん

👆 ポイントチェック

$$
\sim \quad + \quad
\begin{cases}
\text{と思います。（考え）} \\
\text{そうです。（伝聞）} \\
\text{から／し、}\sim\text{。（理由）}
\end{cases}
$$

↑

イ形容詞（普通形）
ナ形容詞（普通形）

①「～と思う」②「～そうです」③「～し、～から」という表現では、イ形容詞・ナ形容詞は普通形になります。このような表現を使うときに注意しなければならないのは、「～い」で終わるナ形容詞です。例えば「きれい」「嫌い」はナ形容詞なので、「きれいだ」「嫌いだ」になります。接続に気を付けましょう。

イ形容詞の接続	ナ形容詞の接続
おいしいと思います。	きれいだと思います。
おいしいそうです。	きれいだそうです。
おいしいから好きです。	きれいだから好きです。
おいしいし安いから好き。	きれいだし安いから好き。

😛 やってみよう

<ruby>正<rt>ただ</rt></ruby>しい<ruby>方<rt>ほう</rt></ruby>を<ruby>選<rt>えら</rt></ruby>びなさい。

1. <ruby>人混<rt>ひとご</rt></ruby>みが (嫌い・嫌いだ) から、あんまり<ruby>出掛<rt>でか</rt></ruby>けたくないんだ。

2. <ruby>激辛料理<rt>げきからりょうり</rt></ruby>が<ruby>好<rt>す</rt></ruby>きなんでしょう？ あの<ruby>店<rt>みせ</rt></ruby>のラーメンはすごく (辛い・辛いだ) そうですよ。

3. その<ruby>服<rt>ふく</rt></ruby>は<ruby>彼女<rt>かのじょ</rt></ruby>にはちょっと (地味・地味だ) と<ruby>思<rt>おも</rt></ruby>うけど。

文法 プレイバック ←

その<ruby>他<rt>ほか</rt></ruby>の<ruby>文型<rt>ぶんけい</rt></ruby>での、イ<ruby>形容詞<rt>けいようし</rt></ruby>とナ<ruby>形容詞<rt>けいようし</rt></ruby>の<ruby>接続<rt>せつぞく</rt></ruby>を<ruby>確認<rt>かくにん</rt></ruby>しましょう。

(1) 〜ので

イ形容詞 ・ せきが<ruby>止<rt>と</rt></ruby>まらなくて<u>つらいので</u>、<ruby>病院<rt>びょういん</rt></ruby>へ<ruby>行<rt>い</rt></ruby>った。

ナ形容詞 ・ <ruby>彼女<rt>かのじょ</rt></ruby>は<ruby>性格<rt>せいかく</rt></ruby>が<u><ruby>素直<rt>すなお</rt></ruby>なので</u>、みんなから<ruby>好<rt>す</rt></ruby>かれている。

(2) 〜はず

イ形容詞 ・ レシピ<ruby>通<rt>どお</rt></ruby>りに<ruby>作<rt>つく</rt></ruby>ったんだから、<u>おいしいはず</u>よ。

ナ形容詞 ・ <ruby>何度<rt>なんど</rt></ruby>もチェックしたデータなので、<u><ruby>正確<rt>せいかく</rt></ruby>なはず</u>です。

(3) 〜よう

イ形容詞 ・ この<ruby>問題<rt>もんだい</rt></ruby>は<ruby>初級<rt>しょきゅう</rt></ruby>の<ruby>学生<rt>がくせい</rt></ruby>には<u><ruby>難<rt>むずか</rt></ruby>しかったよう</u>です。

ナ形容詞 ・ <ruby>手<rt>て</rt></ruby>を<ruby>付<rt>つ</rt></ruby>けていないところを<ruby>見<rt>み</rt></ruby>ると、ジョンさんは<ruby>刺<rt>さ</rt></ruby>し<ruby>身<rt>み</rt></ruby>が<u>嫌いなよう</u>です。

(4) 〜みたい

イ形容詞 ・ この<ruby>問題<rt>もんだい</rt></ruby>は<ruby>子<rt>こ</rt></ruby>どもには<u><ruby>難<rt>むずか</rt></ruby>しかったみたい</u>だね。

ナ形容詞 ・ ケンちゃんは<ruby>牛乳<rt>ぎゅうにゅう</rt></ruby>が<u>嫌いみたい</u>。<ruby>全然<rt>ぜんぜん</rt></ruby><ruby>飲<rt>の</rt></ruby>んでないもん。

(5) 〜そう (<ruby>様態<rt>ようたい</rt></ruby>)

イ形容詞 ・ あの<ruby>時計<rt>とけい</rt></ruby>、ダイヤが<ruby>散<rt>ち</rt></ruby>りばめられて、<ruby>見<rt>み</rt></ruby>るからに<u><ruby>高<rt>たか</rt></ruby>そう</u>ですね。

ナ形容詞 ・ このデジタルウオッチは<ruby>機能<rt>きのう</rt></ruby>がたくさんあって<u><ruby>便利<rt>べんり</rt></ruby>そう</u>です。

(6) 〜すぎる

イ形容詞 ・ <ruby>電動自転車<rt>でんどうじてんしゃ</rt></ruby>が<ruby>欲<rt>ほ</rt></ruby>しいけど、<u><ruby>高<rt>たか</rt></ruby>すぎ</u>て<ruby>私<rt>わたし</rt></ruby>には<ruby>手<rt>て</rt></ruby>が<ruby>出<rt>で</rt></ruby>ない。

ナ形容詞 ・ うちの<ruby>息子<rt>むすこ</rt></ruby>、<u><ruby>元気<rt>げんき</rt></ruby>すぎ</u>て、けがばかりしています。

練習しよう①

Aさんの話を、「〜そうです」を使って他の人に伝えなさい。

1.

Aさん

> 現在、この2国間で起こっている競争は大変激しいです。

_____

2.

Aさん

> 将来、新しいシステムが採用されるのは確実です。

_____

練習しよう②

正しい方を選びなさい。

1. A：このタオル、汚れてない？
B：え、本当？　昨日洗ったばかりだから、(きれいはず・きれいなはず) だけど。

2. 山田先生は、一見 (厳しそう・厳しいそう) だけど、実はすごく優しい先生です。

3. 彼は勘が (するどいので・するどいなので) 気付かれたかもしれない。

4. ちゃんと自分の意見を言った方がいい。(おとなしすぎる・おとなしいすぎる) のは
よくないよ。

5. この仕事は前の仕事より (楽ようだ・楽なようだ)。

≫≫≫ 自分のことばで...!

①「〜と思います」を使って、小説、映画、漫画、音楽などに対する自分の意見を書いて、発表しましょう。

②旅行で行った場所や、よく行くお店などについて、形容詞を使って自由に書いてみましょう。

「直してみよう」の答え
①みんなで考えるのが、いいと思います。　②この件については佐藤さんが詳しいそうです。
③山の上は景色がきれいだし、空気もおいしいから、大好きです。

どこがダメ？

1 私は日本語を少し話すので、
困ることが多いです。

2 今、冷蔵庫に牛乳だけあるから、
買い物に行かなくちゃ。

✏️ **直してみよう**

1
_____

2
_____

① 困る理由に聞こえないので、どうして困るのか分からない。
② 買い物に行かなければならない理由に聞こえない。

私は日本語を少し話すので…。

何で困ってるの？

👆 ポイントチェック

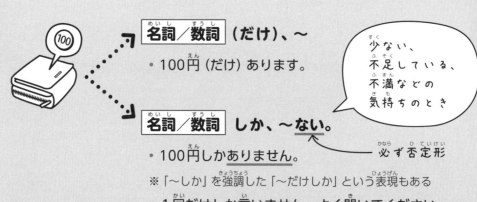

名詞／数詞（だけ）、～
・100円（だけ）あります。

少ない、
不足している、
不満などの
気持ちのとき

名詞／数詞 しか、～ない。
・100円しかありません。
　　　　　　　　　　　　　── 必ず否定形
※「～しか」を強調した「～だけしか」という表現もある
・1回だけしか言いません。よく聞いてください。

例えば財布に100円だけあるとき、そのまま伝えるなら「100円（だけ）あります」となりますが、少ない／不足している／不満だと感じているときは、「～しか＋否定形」を使って、「100円しかありません」と言います。
①の「日本語を少し話す」や②の「牛乳だけある」には、不足している／不満という意味がないので、その後に「困っている」「買い物に行く」となるのは不自然になります。

28

😊 やってみよう

正しい方を選びなさい。

1. このクラスの中で一人 (だけ・しか)、満点の学生がいます。

2. 昨日は３時間 (だけ寝た・しか寝なかった) ので、今もすごく眠いです。

3. 一度 (行ったことがある・しか行ったことがない) から、行き方を覚えていない。

文法 プレイバック ←

「～だけ」と「～しか～ない」には動詞に付ける使い方もあります。確認しましょう。

■ 動詞 (普通形) だけ

他のことはしなくていい、必要ないことを表します。

- この薬を飲むだけで、誰でも痩せられます！
- 材料を炒めて、水と調味料を入れたら、後は煮えるのを待つだけです。

■ 動詞 (辞書形) しかない

それ以外に方法や選択肢がないことを表します。

- ここまで来たら、もうやめることはできない。やるしかないんだよ。
- Ａ：チケット取れなかったよ。
  Ｂ：そっか、じゃあテレビで見るしかないね。

「～だけない」と「～しかない」は全然違う！

あ、３巻 だけない！

あ、３巻 しかない！

29

練習しよう①

「しか」か「だけ」を使って、文を完成させなさい。

1. A：レポートはもう書けましたか。

    B：いいえ、まだ半分 _____ 。

2. この音声を毎晩 _____ で、単語が覚えられるんだって。

練習しよう②

下の絵を日本語で文にしなさい。

1.

_____

_____

2.

_____

_____

≫≫≫ 自分のことばで...!

①身の周りや今の自分に、少ない／足りない／不満だ／もっと増やしたいと感じることは何ですか。それを解決するために、何をしたらいいと思いますか。書いてみましょう。

「直してみよう」の答え
①私は日本語が少ししか話せないので、困ることが多いです。　②今、冷蔵庫に牛乳しかないから、買い物に行かなくちゃ。

どこがダメ？

❶ コウさんは今度のテストを
受けようと思います。

❷ 山田さんは初めての子どもが
生まれてうれしいです。

❸ 私は友達と会えなくて、
寂しがっています。

✎ 直してみよう

❶

❷

❸

① 誰の話なのか分からない。
② 他の人の気持ちを勝手に決めているので、変。
③ 誰の気持ちなのか分からない。

この人は
うれしいです。

☝ ポイントチェック

主語が…	私	他の人（第三者）
考えを伝える	・＿＿と｛思う。／思っている。｝	・＿＿と｛思っている。／思っているそうだ／ようだ。｝
気持ちを伝える	・そのまま使う。 ・＿＿と思う。	・形容詞 そうだ。(伝聞)：うれしいそうです。 ・形容詞 ようだ。(様子)：うれしいようです。 ・形容詞 ＋がる。

考えや気持ちを伝えるときは、主語が私か他の人（第三者）かによって文末の表現を変えなければなりません。「と思う」の場合、主語が私のときは、「と思います」も「と思っています」も使えますが、主語が第三者のときは「と思っています」を使います。また、他の人の頭の中は分からないので、その人から聞いた情報やその人の様子を伝える「そうです」「ようです」「らしいです」などを使うことも多いです。
「うれしい」「寂しい」などの感情を表す形容詞の場合も、主語が他の人のときはそのまま使えず、後ろに「そうです」や「ようです」などを付けるか、「がる」を付けて動詞にします。反対に、主語が私のときは、「〜がる」は使えません。

😝 やってみよう

<ruby>正<rt>ただ</rt></ruby>しい<ruby>方<rt>ほう</rt></ruby>を<ruby>選<rt>えら</rt></ruby>びなさい。

1. ケンさんは<ruby>卒業後<rt>そつぎょうご</rt></ruby>ＩＴ<ruby>関係<rt>かんけい</rt></ruby>の<ruby>会社<rt>かいしゃ</rt></ruby>に<ruby>就職<rt>しゅうしょく</rt></ruby>しようと（<ruby>思<rt>おも</rt></ruby>います・<ruby>思<rt>おも</rt></ruby>っています）。

2. <ruby>娘<rt>むすめ</rt></ruby>がすごく（うれしかった・うれしそうだった）ので、<ruby>理由<rt>りゆう</rt></ruby>を<ruby>聞<rt>き</rt></ruby>いてみた。

3. うちの<ruby>犬<rt>いぬ</rt></ruby>はどんなに<ruby>寒<rt>さむ</rt></ruby>い<ruby>日<rt>ひ</rt></ruby>でも<ruby>散歩<rt>さんぽ</rt></ruby>に（<ruby>行<rt>い</rt></ruby>きたいです・<ruby>行<rt>い</rt></ruby>きたがります）。

<ruby>文法<rt>ぶんぽう</rt></ruby> プレイバック

<ruby>主語<rt>しゅご</rt></ruby>が<ruby>第三者<rt>だいさんしゃ</rt></ruby>のときの<ruby>表現<rt>ひょうげん</rt></ruby>を<ruby>整理<rt>せいり</rt></ruby>しましょう。

■ <ruby>考<rt>かんが</rt></ruby>えを<ruby>伝<rt>つた</rt></ruby>える<ruby>表現<rt>ひょうげん</rt></ruby>

- ジョンさんは<ruby>日本<rt>にほん</rt></ruby>の<ruby>夏<rt>なつ</rt></ruby>は<ruby>暑<rt>あつ</rt></ruby>すぎると<ruby>思<rt>おも</rt></ruby>っています。

- マリアさんはもう<ruby>少<rt>すこ</rt></ruby>し<ruby>広<rt>ひろ</rt></ruby>い<ruby>部屋<rt>へや</rt></ruby>に<ruby>引<rt>ひ</rt></ruby>っ<ruby>越<rt>こ</rt></ruby>したいと<ruby>思<rt>おも</rt></ruby>っているそうです。

- Ａ：<ruby>先生<rt>せんせい</rt></ruby>は<ruby>私<rt>わたし</rt></ruby>たちならもっとできると<ruby>思<rt>おも</rt></ruby>っているみたいだよ。
  Ｂ：そうなんだ。じゃあ、もっと<ruby>頑張<rt>がんば</rt></ruby>ろうか。

■ <ruby>気持<rt>きも</rt></ruby>ちを<ruby>表<rt>あらわ</rt></ruby>す<ruby>表現<rt>ひょうげん</rt></ruby>

（1）<ruby>感情<rt>かんじょう</rt></ruby>を<ruby>表<rt>あらわ</rt></ruby>す<ruby>形容詞<rt>けいようし</rt></ruby>　※うれしい、<ruby>寂<rt>さび</rt></ruby>しい、<ruby>悲<rt>かな</rt></ruby>しい、<ruby>楽<rt>たの</rt></ruby>しい、<ruby>嫌<rt>いや</rt></ruby>だ……

- <ruby>広<rt>ひろ</rt></ruby>い<ruby>公園<rt>こうえん</rt></ruby>で<ruby>遊<rt>あそ</rt></ruby>べて、<ruby>子<rt>こ</rt></ruby>どもたちはとても<ruby>楽<rt>たの</rt></ruby>しそうだ。

- リンさんは<ruby>次<rt>つぎ</rt></ruby>のテストのことが<ruby>心配<rt>しんぱい</rt></ruby>だそうです。

- Ａ：コウさん<ruby>最近元気<rt>さいきんげんき</rt></ruby>ないね。
  Ｂ：うん、<ruby>友達<rt>ともだち</rt></ruby>が<ruby>帰国<rt>きこく</rt></ruby>してしまって<ruby>寂<rt>さび</rt></ruby>しいみたい。

- <ruby>息子<rt>むすこ</rt></ruby>が<ruby>欲<rt>ほ</rt></ruby>しがっていたゲームを<ruby>買<rt>か</rt></ruby>ってやることにした。

（2）<ruby>願望<rt>がんぼう</rt></ruby>を<ruby>表<rt>あらわ</rt></ruby>す<ruby>表現<rt>ひょうげん</rt></ruby>

- <ruby>彼<rt>かれ</rt></ruby>は<ruby>世界<rt>せかい</rt></ruby>に<ruby>通用<rt>つうよう</rt></ruby>する<ruby>芸術家<rt>げいじゅつか</rt></ruby>になりたいそうだ。

- Ａ：あ、グエンさん、この<ruby>間<rt>あいだ</rt></ruby><ruby>学校<rt>がっこう</rt></ruby>に<ruby>行<rt>い</rt></ruby>ったら、<ruby>先生<rt>せんせい</rt></ruby>たちが<ruby>会<rt>あ</rt></ruby>いたがっていましたよ。
  Ｂ：そうですか。じゃあ、<ruby>遊<rt>あそ</rt></ruby>びに<ruby>行<rt>い</rt></ruby>ってみようかな。

練習しよう①

文を完成させなさい。3～5は（　）の言葉を使いなさい。※正解は一つだけとは限りません。

1. パウロさんは日本人はちょっと時間に厳しすぎると ＿＿＿＿＿＿＿＿＿＿ 。

2. 気分を変えるために部屋の模様替えをしようかなと ＿＿＿＿＿＿＿＿＿＿ 。

3. 父は何も言わないけれど、留学している私のことが ＿＿＿＿＿＿＿＿＿ 。（心配だ）

4. 健太君は、転校で友達と離れることになって、＿＿＿＿＿＿＿＿＿ 。（悲しい）

5. 彼は不満があるようで、今のチームを ＿＿＿＿＿＿＿＿＿ 。（やめたい）

練習しよう②

文を完成させなさい。

木村君

木村君は、＿＿＿＿＿＿＿＿＿＿＿＿＿＿＿＿＿＿＿＿＿＿＿＿＿＿＿＿

＿＿＿＿＿＿＿＿＿＿＿＿＿＿＿＿＿＿＿＿＿＿＿＿＿＿＿＿＿＿＿＿＿＿

▶▶▶▶▶ 自分のことばで...!

①最近のニュースの中で気になるものを探して、自分の考えを書きましょう。他の人の考えも聞いて、書いてみましょう。

レッスン
08

どこがダメ？

❶ 兄はソファに座りながら、
本を読んでいます。

❷ スマホを見て、自転車に乗らないで！

✏ 直してみよう

❶
----

❷

どうしてダメ?

① 「立っている状態」から「座り終わる」までの短い間に何かするという意味になってしまう。

② 「スマホを見た後で」という意味になってしまう。

 **ポイントチェック**

二つの動作を一緒に行うことを表すとき、動詞1が…

継続動詞の場合	瞬間動詞の場合
動詞1~~ます~~ ながら、動詞2。	**動詞1 て、動詞2。**

瞬間動詞はNG!

継続動詞だと「順番」の意味になってしまうことがある。

動詞には、「読む」「食べる」などの継続動詞と、「座る」「乗る」などの瞬間動詞があります。二つの動作を同時に行うことを表す「〜動詞1ながら、動詞2」の文型では、動詞1には継続動詞しか使えません。例文の「座る」は瞬間動詞なので間違いです。瞬間動詞で付帯的な状況を表したいときは「〜て」を使います。

やってみよう

正しい方を選びなさい。

1. 日差しがまぶしいので、サングラスを（ かけながら・かけて ）外に出た。

2. ランチミーティングとは、昼ご飯を（ 食べながら・食べて ）打ち合わせをすることだ。

文法 プレイバック

継続動詞と瞬間動詞について確認しましょう。

■ 継続動詞：「～ている」で動作の進行中を表す

食べる　→　食べている　→　食べた

例えば…

書く・聞く・作る・話す・読む
遊ぶ・働く・見る・走る・歌う
踊る・仕事する・勉強する　など

- 今、来週提出の課題を<u>やっている</u>ところです。
- 土曜日の朝はコーヒーを<u>飲みながら</u>、音楽を<u>聞いている</u>。

■ 瞬間動詞：「～ている」で動作や動きの結果の状態を表す

（木の葉が）落ちる　→　落ちた　→　落ちている

例えば…

立つ・座る・乗る・着る
起きる・入る・始める・やめる
変わる・結婚する　など

- カオリさんは水色のワンピースを<u>着ている</u>。
- キリンは<u>立って</u>寝るって本当でしょうか。

練習しよう①

＿＿＿＿＿ が、継続動詞のものにＡ、瞬間動詞のものにＢを書きなさい。

1. おかしいな。鍵が<u>閉まっている</u>。誰もいないのかな。（　　　）

2. 今、新たな計画案を<u>練っている</u>ところだ。（　　　）

3. この海の底に17世紀の海賊船が<u>沈んでいる</u>らしい。（　　　）

4. 急いで。試合はもう<u>始まっている</u>よ。（　　　）

5. 彼は今、病魔と<u>闘っている</u>。（　　　）

6. わっ、ゴキブリが<u>死んでいる</u>。（　　　）

7. 父は今、アメリカに<u>行っている</u>。（　　　）

8. 母が隣のおばさんとおしゃべりを<u>している</u>。（　　　）

練習しよう②

下の絵を、「〜ながら」または「〜て」を使って文にしなさい。

1.

_____

_____

2.

_____

_____

3.

_____

_____

>>>> **自分のことばで...!**

①あなたやあなたの周りの人が、二つ以上同時にできることを見つけて、発表しましょう。
（例えば「私は音楽を聞きながら計算できます」など）

②あなたがすてきだと思う有名人の写真を探して、どんな服装をしているか詳しく説明しましょう。

「直してみよう」の答え
①兄はソファに座って、本を読んでいます。　②スマホを見ながら、自転車に乗らないで！

38

どこがダメ？

❶ 彼女と結婚できるために、
頑張って貯金をしています。

❷ すみません。このふたを
開いてくれませんか。

✏ 直してみよう

❶
_____

❷
_____

① 原因を言っているのか、目的を言いたいのか分からない
② ふたに話し掛けていることになってしまう。

お願い……。

☝ ポイントチェック

- **動詞**（辞書形）　**＋** ために、〜（目的）
- **動詞**（て形）　**＋** ください／くれませんか。（依頼）
- **動詞**（〜ます）　**＋** たいです／なさい。（願望／命令）

↑

○ 意志動詞　× 無意志動詞

「〜ために（目的）」や「〜てください（依頼）」、「〜たい（願望）」など、意志を表すときには、基本的に意志動詞を使います。「〜ために」のように無意志動詞を使うと他の意味になってしまうこともあるので、注意しましょう。（「無意志動詞＋ために」は原因を表します）

> 「〜つもりだ」や「〜ているところだ」「〜ておく」「〜ずにはいられない」「〜てあげる」
> なども、基本的に意志動詞を使う表現なので覚えておこう。

😃 やってみよう

正しい方を選びなさい。

1. オーロラを (見る・見える) ためにアラスカまで行った。

2. みんなに (聞く・聞こえる) ようにマイクを使って話してください。

3. それでは今から ミーティングを (始まりたい・始めたい) と思います。

4. 薬剤がかかったら、水でよく洗い (流れて・流して) ください。

文法 プレイバック

意志動詞、無意志動詞について確認しましょう。

■ 意志動詞

人や動物が主語で意志的な動作を表すことができる動詞です。命令形、可能形、意向形、勧誘の「～ましょう」「～ませんか」、願望の「～たい」などの形を作ることができます。意志動詞を可能形や受身形にすると意志性がなくなります。

- ボーナスが出たら、パソコンを買います。
- 山田さんが行くなら、私も行きます。

■ 無意志動詞

意志的な動作を表すことができない動詞です。

(1) 生物以外が主語になるもの：雨が降ります。

(2) 人の生理現象を表すもの：おなかがすきました。

(3) 人の心理的な現象を表すもの：漢字が読めなくて困りました。

などがあります。

※同じ動詞でも、意志動詞として使われる場合と、無意志動詞として使われる場合があります。
- いつか歌手になります。(意志動詞) ／もうすぐ春になります。(無意志動詞)

意志動詞以外で目的を表すときは、「～ように」を使うので間違えないようにしよう！
- 彼女と結婚できるように、頑張って貯金しています。
- 約束の時間に間に合うように、早めに家を出た。
- 風邪をひかないように、気を付けてくださいね。

練習しよう ①

_____ が意志動詞のものにＡ、無意志動詞のものにＢを書きなさい。

1. 動画を見ながら、ロシア料理を作ってみた。（　　　　）

2. 昨日から胸のあたりがシクシク痛む。（　　　　）

3. 行方不明になっていた少年が見つかったらしい。（　　　　）

4. 味を染み込ませるために、一晩冷蔵庫に入れておきます。（　　　　）

5. 1時になったら出掛けましょう。（　　　　）

練習しよう ②

例のように、書きなさい。

例 日本に留学しました。（地震工学を学びます）
　　地震工学を学ぶために、日本に留学しました。
_____

1. 毎日トレーニングに励んでいます。（大会で優勝します）

_____

2. やさしい日本語で説明します。（外国人にも分かります）

_____

≫≫≫ 自分のことばで...！

① 「～ために」「～つもり」などを使って、自分がどんなことをしたいのか、将来の計画について考えて書いてみましょう。

「直してみよう」の答え
①彼女と結婚するために、頑張って貯金をしています。　②すみません。このふたを開けてくれませんか。

レッスン
10

どこがダメ？

❶ A：昼ご飯を食べましたか。
　 B：いいえ、食べません。

❷ 部屋を探していますが、
　 なかなか見つけません。

✏️ 直してみよう

_____

_____

①昼ご飯をもう食べたかどうか事実を聞いているのに、「食べる意志がない」という答えになっている。

②「見つけたいけど、まだだ」と伝えたいのに、「見つけるつもりがない」という意味になっている。

👆 ポイントチェック

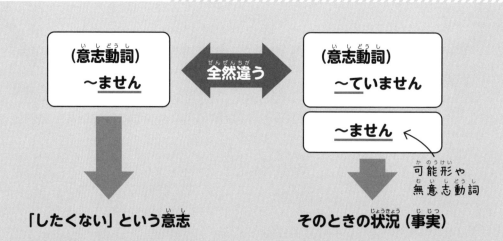

意志動詞の否定形を使うと、基本的に話す人の「〜するつもりはない」「〜したくない」という否定的な意志が表れます。状況や事実を言いたいときには、「〜ていません」や「できません」「ありません」など、可能形の否定形、意志を表さない表現を使います。①のように事実を聞かれたときに間違えると、相手に失礼になることがあるので注意しましょう。

😃 やってみよう

正しい方を選びなさい。

1. A：この記事を読みましたか。

   B：いいえ、まだ（ 読みません・読んでいません ）。面白そうですね。

2. 将来は結婚したいけど、30歳までは（ 結婚しません・結婚していません ）。やりたいことがあるから。

3. 薬を飲んでいるけど、風邪がなかなか（ 治りません・治しません ）。

4. まだ初心者だから、こんな難しい曲、私には（ 弾きません・弾けません ）。

文法 プレイバック ←

「まだ〜ません」と「まだ〜ていません」の使い方を整理しましょう。

■ まだ〜ません

(1) 否定の意志

- 勉強したいことがあるので、まだ国へは帰りません。
- 今回は失敗したけれど、絶対チャンスはあるはず。まだ諦めません。

(2) 状況

- 18歳だから、まだお酒は飲めませんよ。
- バスはまだ来ないね。遅いなあ。
- 時間が過ぎたのに、まだ始まりませんね。どうしたのかな。

■ まだ〜ていません

(1) そのときの状況 (事実)

- A：受験する学校をもう決めましたか。

  B：いいえ、まだ決めていません。

- この監督のファンだが、まだ見ていない作品がたくさんある。

練習しよう①

_____ に意志があるものにＡ、意志がないもの（状況）にＢを書きなさい。

1. 私はそんな危ない場所には行きません。（　　　　）

2. すみません、急用ができて、明日は行けません。（　　　　）

3. 企画の詳細について、まだ聞いていないんですが。（　　　　）

4. この子はどんなに叱っても聞かないから、困ったものです。（　　　　）

5. 私は絶対にうそは言いません。（　　　　）

練習しよう②

文を完成させなさい。

1. しまった。出さなければならない書類をまだ _____ 。

2. まだ問題用紙を _____ ください。時間になったら始めてください。

3. Ａ：まだ誰にも _____ んだけど、実は会社を辞めるんだ。

　　Ｂ：えっ！　そうなの？

▶▶▶▶▶ 自分のことばで...!

①したいと思っているけれど、今はまだしていないこと（できていないこと）を書いてみましょう。

②今までの自分を反省して、「これからはしない」と思うことを書いてみましょう。

「直してみよう」の答え
①Ａ：昼ご飯を食べましたか。Ｂ：いいえ、まだ食べていません。　②部屋を探していますが、なかなか見つかりません。

どこがダメ？

1 もう4月_{がつ}なのにまだ桜_{さくら}が咲_さけない。

2 このベッドは大_{おお}きすぎて、
玄関_{げんかん}から入_{はい}れない。

✏️ 直してみよう

1

2

①状態の変化を表す無意志動詞「咲く」を可能形にしてしまっている。
②主語が物（ベッド）なのに、可能形を使っている。

👆 ポイントチェック

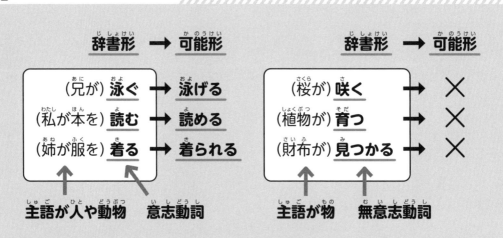

辞書形	→	可能形
（兄が）泳ぐ	→	泳げる
（私が本を）読む	→	読める
（姉が服を）着る	→	着られる

主語が人や動物　意志動詞

辞書形	→	可能形
（桜が）咲く	→	✕
（植物が）育つ	→	✕
（財布が）見つかる	→	✕

主語が物　無意志動詞

可能形があるのは、基本的には意志動詞だけです。①の桜や②のベッドのように「物」が主語のときは、意志がないので可能形もありません。また、人や動物が主語でも、意志的ではないこと（困る・飽きる など）は、基本的に可能形がありません。

😖 やってみよう

正しい方を選びなさい。

1. いろいろ工夫してやってみたが、結局うまく（ いかなかった・いけなかった ）。
2. スタッフが3人も休んでしまったので、仕事がなかなか（ 進まない・進めない ）。
3. 急ごう。今から行けばなんとか（ 間に合う・間に合える ）と思うよ。
4. 問題が難しすぎて、全然（ 分からなかった・分かれなかった ）。

文法 プレイバック

「可能の意味がある自動詞」と「他動詞の可能形」について確認しましょう。
物が主語の自動詞には、可能の意味を持つものがあります。そのとき、ペアになる他動詞があれば、他動詞の可能形を使って同じような状況を表すことができます。

- このかばんには、A4の   このかばんには、A4の
  ノートが<u>入ります</u>。 ＝ ノートが<u>入れられます</u>。

- 新幹線の窓は<u>開きません</u>。 ＝ 新幹線の窓は<u>開けられません</u>。

物について言いたいときは自動詞、人について言いたいときは他動詞の可能形を使うことが多いよ。

- 瓶のふたが固くて開かない。
- （私は）手をけがしていて、ふたが開けられない。
- この植物は何もしなくてもよく育つ。
- この植物は誰でも簡単に育てられます。

練習しよう①

それぞれの漢字を使う動詞を使って、文を完成させなさい。

1. この洗剤を使えば、頑固な汚れが簡単に 落＿＿＿＿＿＿＿＿＿＿ 。

2. 電池が切れているので、スイッチを押しても 動＿＿＿＿＿＿＿＿＿＿ んだよ。

3. トイレが詰まっていて、流＿＿＿＿＿＿＿＿＿＿ んです。

4. 部屋に入ると、自動的に電気が 点＿＿＿＿＿＿＿ システムになっている。

5. 自動販売機にお金を入れたのに、ジュースが 出＿＿＿＿＿＿＿＿ 。

練習しよう②

下の絵を、日本語で文にしなさい。

▶▶▶ 自分のことばで...!

①あなたが今持っているものや、周りにある物で、どんなことができますか。紹介してみましょう。

「直してみよう」の答え
①もう４月なのにまだ桜が咲かない。　②このベッドは大きすぎて、玄関から入らない。

50

レッスン **12**

どこがダメ？

❶ 昨日遅く帰ったので、好きなテレビ
番組が見えなかった。

❷ このラジオ放送はインターネット
でも聞こえるんですよ。

✎ **直してみよう**

❶
_____

❷

①したいことができなかったという意味になっていない。

②自分の意志で聞いているのに、自然と耳に入るという意味になっている。

☝ ポイントチェック

見られる・聞ける（見る・聞くの可能形）
➡ 意識的に見ている（聞いている）。＆ 自分でコントロールできる。

見える・聞こえる
➡ 目や耳に入ってくる。

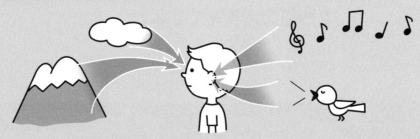

テレビ番組やスポーツの試合など自分が見たいと思ったものを見ることができた場合は可能形「見られる」を使って表現します。コンサートやラジオ番組など、聞きたいと思っているものを聞くことができた場合も同じように可能形「聞ける」を使います。しかし、「見たい」「聞きたい」という意志があっても、自分でコントロールできない場合は可能形は使えません。

一方、意志とは関係なく目や耳に入ることや、人が元々持っている能力（視力・聴力）を表すときは、基本的に「見える」「聞こえる」を使います。

「見られる」「見える」のどちらも使える場合もあるけど、意味は異なるよ。
- 展望台に上れば、東京の夜景が見られます。（見ようと思って見ることができる）
- 展望台に上ると、東京の夜景が見えます。（自然に目に入る）

52

😄 やってみよう

正しい方を選びなさい。

1. A：あ、流れ星が（ 見えた・見られた ）。

　　B：え、どこどこ？

2. スマホでも映画が（ 見える・見られる ）から便利だよね。

3. （ビデオ会議で）A：皆さん、（ 聞こえますか・聞けますか ）。

　　　　　　　　　　　B：はい。（ 聞こえます・聞けます ）。

4. あのレストランは、本格的なブラジル音楽が（ 聞ける・聞こえる ）ことで人気です。

文法 プレイバック

動詞の可能形の使い方を整理しましょう。

（1）生物の能力を表す

- 実は私はバイオリンが弾けるんです。
- チーターは時速100キロで走れるらしい。

（2）ある状況でできることを表す

- 日本では20歳にならないとお酒は飲めません。
- この本は図書館で借りられますよ。
- 学生証があれば割引価格で映画が見られる。

（3）物の性質を表す

- きのこには食べられるものと食べられないものがある。
- この車は8人乗れます。

練習しよう①

それぞれの漢字を使う動詞を使って、文を完成させなさい。

1. 周りの音がうるさくて、電話の声がよく　聞＿＿＿＿＿＿＿＿＿＿ 。

2. A：昨日の飲み会来なかったね。

　　B：うん、行きたかったんだけど、仕事が終わらなくて　行＿＿＿＿＿＿＿＿＿んだよ。

3. 今日はすっきり晴れたから、富士山がよく　見＿＿＿＿＿＿＿＿ ね。

4. そのペン、もう　書＿＿＿＿＿＿＿＿ から、捨ててください。

5. 一度ミュージカルを見てみたいな。どこへ行けば　見＿＿＿＿＿＿＿＿　のかな。

6. 最近目が悪くなって、遠くの文字がよく　見＿＿＿＿＿＿＿＿　んです。

7. 彼女にアドレスを聞きたかったけど、恥ずかしくて　聞＿＿＿＿＿＿＿＿　。

8. この川の水は汚染されていて、飲＿＿＿＿＿＿＿＿　。

9. すみません。スマホを落としてしまって、連絡＿＿＿＿＿＿＿＿　んです。

10. 早く自分の店を　持＿＿＿＿＿＿＿＿　ようになりたい。

練習しよう②

手紙の続きを書きなさい。

お元気ですか。私は今、山の上のホテルに来ています。

ここはとても景色がよくて

＿＿＿＿＿＿＿＿＿＿＿＿＿＿＿＿＿＿＿＿＿＿＿＿

＿＿＿＿＿＿＿＿＿＿＿＿＿＿＿＿＿＿＿＿＿＿＿＿

＿＿＿＿＿＿＿＿＿＿＿＿＿＿＿＿＿＿＿＿＿＿＿＿

＿＿＿＿＿＿＿＿＿＿＿＿＿＿＿＿＿＿＿＿＿＿＿＿

>>>>> 自分のことばで...!

①今、見える物、聞こえる音について全て書いてみましょう。

②自分が得意なこと、できることについて説明してみましょう。

- -

「直してみよう」の答え
①昨日遅く帰ったので、好きなテレビ番組が見られなかった。　②このラジオ放送はインターネットでも聞けるんですよ。

レッスン
13

どこがダメ？

❶ カレーの作り方を説明します。
まず野菜が切ります。

❷ 昨日魚が食べました。
おいしかったです。

✏ 直してみよう

❶
_____

❷
_____

「切る」「食べる」という動作をする「主体」は私。野菜と魚は動作の「対象」。対象が主体になってしまって、意味が全く変わっている。

☝ ポイントチェック

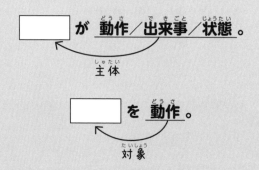

助詞「が」は基本的に動作や出来事、状態の主体を表します。一方、動作の対象を表すときは基本的に助詞「を」を使います。ただし動詞が可能形のときや、「好き」「上手」などの形容詞のときは「が」で対象を表すこともあります。

名詞が主体を表しているのか、対象を表しているのか、よく考えよう。

😀 やってみよう

次の＿＿が主体のものにＡ、対象のものにＢを書きなさい。

1. スポーツカーが欲しいなあ。（　　　）

2. かっこいいスポーツカーが目の前を走っていった。（　　　）

文法 プレイバック

「が」と「を」の使い方について整理しましょう。

■「が」

(1) 主体

- 子どもが遊んでいる。
- テストが行われる。
- 空が暗い。

> 文の初めに来ることが多いけど、どの位置で使ってもいいよ。
> - 3時に6階会議室でミーティングがあります。

(2) 対象

- テニスが好きです。
- 料理が上手です。
- 日本語が分かりますか。
- 留学するにはビザが要ります。

※「が」で対象を表す
- 形容詞「得意、必要、心配、欲しい、楽しい、〜たい」など
- 動詞「可能形、分かる、要る、足りる、不足する」など

- 新しいスマホが欲しいなあ。

※ 動詞の可能形、願望を表す「〜たい」の場合は「を」でもいい

■「を」

(1) 対象：妹が本を読んでいる。／肉と野菜を炒める。
　　　　　息子は新しいスマホを欲しがっている。

(2) 起点：電車が駅を出る。／2年前に大学を卒業した。

(3) 通過場所：橋を渡る。／公園を散歩する。

練習しよう①

（　　）に「が」か「を」を入れなさい。

1. 夜空にたくさんの星（　　）光っている。

2. この画用紙にお月さま（　　）描いてみましょう。

3. その飛行機（　　）成田空港（　　）出発したのは、午前11時です。

4. 日本は自動車（　　）各国に輸出している。

5. このトンネル（　　）抜けると、海（　　）見えます。

6. 最新のスマホ（　　）買うために、朝から並びました。

練習しよう②

正しい方を選びなさい。

1. このままだと資金（ が・を ）不足してしまうだろう。

2. 試験の結果（ が・を ）心配で夜も眠れないんです。

3. パーティーではおいしい料理と会話（ が・を ）楽しんだ。

4. 打ち合わせはいつ（ が・を ）いいでしょうか。

5. 彼は課長のこと（ が・を ）嫌っている。

6. チャンさんは新しい自転車（ が・を ）欲しがっているらしい。

▶▶▶▶▶ 自分のことばで...！

①あなたの嫌いなもの／ことは何ですか。理由と共に説明しましょう。

「直してみよう」の答え
①カレーの作り方を説明します。まず野菜を切ります。　②昨日魚を食べました。おいしかったです。

どこがダメ？

❶ 家の塀で絵を描いて叱られました。

❷ 電車の中で傘を忘れてしまいました。

❸ 兄はバンコクに働いています。

✏ 直してみよう

❶
_____

❷
_____

❸
_____

① 塀の上で絵を描いたことになっている。
② 電車の中が傘を置いた場所にならない。
③ バンコクが、働く場所ではなく対象になっている。

👆 ポイントチェック

場所の名詞 +に〜	場所の名詞 +で〜
(1)物や人が存在する場所 (2)物や人が着く場所 (3)何かをする対象となる場所	(1)動作や出来事が行われる場所

場所の名詞に「に」が付くと、存在の場所／着く場所／何かをする対象としての場所になります。

- 机の上に本があります。／ベンチに老人が座っている。(存在の場所)
- 学生が教室に入ります。／壁に絵を掛ける。(着く場所)
- 庭に水をまく。／キャンバスに絵を描く。(何かをする対象としての場所)

一方、場所の名詞に「で」が付くと、動作や出来事が行われる場所になります。

- いつも家の近くのスーパーで買い物する。

①のように、動作の対象と場所を間違えると全然意味が変わってしまうことがあるので注意しよう。

😛 やってみよう

正しい方を選びなさい。

1. 呼ばれるまで控え室（に・で）待っていてください。
2. 駐車場の2番のスペース（に・で）止めてください。

文法 プレイバック

間違えやすい「場所に」と「場所で」を整理しましょう。

(1) [　　　　　　] に　勤めている

- 姉は市役所に勤めています。

(2) [　　　　　　] で　働いている／仕事している／アルバイトしている

- 友達はコンビニでアルバイトしている。

(3) [　　　　　　] に　住んでいる

- 家族は札幌に住んでいます。

(4) [　　　　　　] で　暮らしている

- 子どもの頃は祖父の家で暮らしていた。

(5) [　　　　　　] に [　もの　] が　ある

- 校庭に大きな桜の木があります。

(6) [　　　　　　] で [イベント] が　ある

- 学生ホールで入学式がありました。

(7) [　　　　　　] に [　もの　] を　入れる／かける／捨てる　など

- 道にごみを捨ててはいけない。

練習しよう①

（　　）に「に」か「で」を入れなさい。

1. 南太平洋（　　）大きな地震があったらしい。

2. 年を取ったら南の島（　　）のんびり暮らしたいなあ。

3. 誰ですか。こんなところ（　　）大きなスーツケースを置いたのは？

4. 日本にいる間に、一度富士山（　　）登ってみたいな。

5. この件について質問がある人は、後で先生のところ（　　）来てください。

6. あれ、田中君じゃないかな。ほら、あそこ（　　）手を振っている人。

7. 富士山の頂上（　　）朝日を見てみたい。

8. 皆さん、できるだけ前の方の席（　　）座ってください。

練習しよう②

文を完成させなさい。

1. 近くの公園に _____。

2. 近くの公園で _____。

3. 家に _____。

4. 家で _____。

▷▷▷▷▷ 自分のことばで...!

①自分の故郷を紹介する文を書きましょう。そこには何がありますか。そこではどんなことが行われますか。

「直してみよう」の答え
①家の塀に絵を描いて叱られました。　②電車の中に傘を忘れてしまいました。　③兄はバンコクで働いています。

どこがダメ？

❶ あ、雨は降っている。

❷ 昨日、北海道で地震はあったそうです。

✏ 直してみよう

❶

----

❷

どうしてダメ?

① 「雨は降っているけれど、他のものは降っていない」という意味になってしまう。

② 「地震はあったけれども、他のことは起きなかった」という意味になってしまう。

雨は…。

👆 ポイントチェック

［　　　　　　　　］ が、〜。	［　　　　　　　　］ は、〜。
(1) 見たことをそのまま話す。	(1) 他のものと比べて話す。
(2) ニュースなどで聞いた事実を話す。	※比べるものを言わない場合もある。
	(2) 何かについて話す。

100

○　　×

64

目で見たことやニュースで初めて知った事実をそのまま話すときは「が」を使います。一方「は」は何かについて説明したり、他の物と比べて話したりするときに使います。

そのため、①のように外に降っている雨や、②のように地震について話すときに「は」を使うと、聞いている人は「…？　じゃあ他は何があるの？」と考えてしまうので注意しましょう。

客観的に事実を話す「が」の例

- きゃー、あそこに変な虫がいる。
- 高速道路で事故があった。
- 私の部屋にパンダのぬいぐるみがあります。
- 故郷の母から手紙が来た。

他のものと比べて話す「は」の例

- 数学は得意だけど、英語は苦手だ。
- 学生：先生、今日はかっこいいですね。
  先生：えっ！　今日だけ？
- あるところにおじいさんとおばあさんがいました。
  おじいさんは山へ、おばあさんは川へ行きました。

😥 やってみよう

正しい方を選びなさい。

1. 空に虹 (が・は) 懸かっているね。
2. 音楽 (が・は) 得意だけど、スポーツ (が・は) あんまり…。

文法 プレイバック

「は」は、すぐ前の名詞について説明するときに、最もよく使われます。確認しましょう。

- 月は地球の周りを回っている。
- その事故は、夜中の1時に起こりました。
- このぬいぐるみは5歳の誕生日に母に買ってもらいました。
- 母の手紙は、いつも長い。
- このお店のラーメンはおいしいね。

練習しよう①

（　　）に「が」か「は」を入れなさい。

1. ペンギン（　　）飛べない鳥です。

2. 見て、あそこの木に青い鳥（　　）止まっている。

3. 今週（　　）ひまだったけど、来週（　　）忙しい。

4. 天気予報で、台風（　　）近づいていると言っていた。

5. コーヒー（　　）あんまり飲みません。

練習しよう②

下の絵を見て、日本語で説明しなさい。

_____

_____

▶▶▶ 自分のことばで...!

①あなたの部屋にはどんな物がありますか。何があるのか、それはどんなものなのか紹介
　しましょう。

- -
「直してみよう」の答え
①あ、雨が降っている。　②昨日、北海道で地震があったそうです。

レッスン **16**

どこがダメ？

❶ 用事_{ようじ}があるので、私_{わたし}が行_いきません。

❷ 打_うち合_あわせの日_ひは、いつはいいですか。

 直してみよう

❶
_____

❷
_____

① 強調したい部分が「行く／行かない」ではなく、「私」の部分になってしまう。
② 聞きたいことが「いつ」ではなく、「いい／良くない」の部分になってしまう。

ポイントチェック

最も伝えたいこと！

～は [   ] 。

- 私は先生です。

- Q：あの人は誰ですか？
  A：あの人は田中さんです。

[   ] が、～ 。

- 私が先生です。

- Q：どの人が田中さんですか？
  A：あの人が田中さんです。

「は」は、すぐ後にあることが、最も伝えたいことになります。一方「が」は、すぐ前にあることが最も伝えたいことになります。なので、疑問詞（どこ、誰、何、など）を使って質問するときは、疑問詞は、「は」の後ろ／「が」の前に来ます。

> 「私が泣きました」「私が行きました」などと言うと、「泣いたのは他の人ではなくて私です」「行ったのは他の人ではなくて私です」と強調する表現になる。そのつもりがないときに使うと、主張を押し付けるように聞こえるので注意しよう。

😜 やってみよう

<ruby>正<rt>ただ</rt></ruby>しい<ruby>方<rt>ほう</rt></ruby>を<ruby>選<rt>えら</rt></ruby>びなさい。

1. もしもし、<ruby>田中<rt>たなか</rt></ruby>さん (は・が) いますか。

2. <ruby>明日<rt>あした</rt></ruby>の<ruby>会議<rt>かいぎ</rt></ruby>に<ruby>誰<rt>だれ</rt></ruby> (は・が) <ruby>参加<rt>さんか</rt></ruby>しますか。

3. ここにかばんを<ruby>置<rt>お</rt></ruby>いたの (は・が) <ruby>誰<rt>だれ</rt></ruby>ですか。

文法 プレイバック

「が」と「は」の<ruby>使<rt>つか</rt></ruby>い<ruby>方<rt>かた</rt></ruby>について<ruby>確認<rt>かくにん</rt></ruby>しましょう。

「 A が、 B 。」は、<ruby>言葉<rt>ことば</rt></ruby>の<ruby>順番<rt>じゅんばん</rt></ruby>を<ruby>変<rt>か</rt></ruby>えて「 B は、 A 。」という<ruby>同<rt>おな</rt></ruby>じ<ruby>意味<rt>いみ</rt></ruby>の<ruby>文<rt>ぶん</rt></ruby>にすることができます。

- （<ruby>推理小説<rt>すいりしょうせつ</rt></ruby>を<ruby>読<rt>よ</rt></ruby>みながら）
  この<ruby>人<rt>ひと</rt></ruby>が<ruby>犯人<rt>はんにん</rt></ruby>だと<ruby>思<rt>おも</rt></ruby>う。 　➡　 <ruby>犯人<rt>はんにん</rt></ruby>は、この<ruby>人<rt>ひと</rt></ruby>だと<ruby>思<rt>おも</rt></ruby>う。

- <ruby>山田<rt>やまだ</rt></ruby>さんがリーダーです。 　➡　 リーダーは、<ruby>山田<rt>やまだ</rt></ruby>さんです。

※「は」の<ruby>前<rt>まえ</rt></ruby>には<ruby>名詞<rt>めいし</rt></ruby>が<ruby>来<rt>く</rt></ruby>るので、<ruby>文<rt>ぶん</rt></ruby>の<ruby>終<rt>お</rt></ruby>わりが<ruby>形容詞<rt>けいようし</rt></ruby>や<ruby>動詞<rt>どうし</rt></ruby>の<ruby>場合<rt>ばあい</rt></ruby>は、「の」を<ruby>付<rt>つ</rt></ruby>けて<ruby>名詞<rt>めいし</rt></ruby>にします。

　・<ruby>私<rt>わたし</rt></ruby>が<ruby>世界<rt>せかい</rt></ruby>で<ruby>一番<rt>いちばん</rt></ruby><ruby>美<rt>うつく</rt></ruby>しい。→　<ruby>世界<rt>せかい</rt></ruby>で<ruby>一番<rt>いちばん</rt></ruby><ruby>美<rt>うつく</rt></ruby>しいのは<ruby>私<rt>わたし</rt></ruby>。

　・すみません。<ruby>僕<rt>ぼく</rt></ruby>が<ruby>花瓶<rt>かびん</rt></ruby>を<ruby>割<rt>わ</rt></ruby>りました。→　<ruby>花瓶<rt>かびん</rt></ruby>を<ruby>割<rt>わ</rt></ruby>ったのは、<ruby>僕<rt>ぼく</rt></ruby>です。

練習しよう①

（　　）に「は」か「が」を入れなさい。

1. A：すてきな写真ですね。誰（　　）撮ったんですか。

　　B：兄（　　）撮ってくれました。

2. A：あの北の空に光っている星（　　）何だろう。

　　B：あれ（　　）北極星じゃない？

3. 客　：新しいスマホが発売されるって聞いたんですけど。

　　店員：はい、こちら（　　）その最新型スマホです。今までよりバージョンアップしています。

練習しよう②

次の文が答えになる質問文を書きなさい。

1. 質問：＿＿＿＿＿＿＿＿＿＿＿＿＿＿＿＿＿＿＿＿＿＿＿＿＿＿＿＿＿＿＿。

　　答え：月末が一番忙しいんです。

2. 質問：＿＿＿＿＿＿＿＿＿＿＿＿＿＿＿＿＿＿＿＿＿＿＿＿＿＿＿＿＿＿＿。

　　答え：小島さんがアメリカ出張に行くことになりました。

3. 質問：＿＿＿＿＿＿＿＿＿＿＿＿＿＿＿＿＿＿＿＿＿＿＿＿＿＿＿＿＿＿＿。

　　答え：聴解が一番苦手です。

▶▶▶▶ 自分のことばで...!

①「〇〇は、何？」の形で、オリジナルのなぞなぞを作ってみましょう。

　　例：パンはパンでも、食べられないパンは何？　→　答え：フライパン

「直してみよう」の答え
①用事があるので、私は行きません。　②打ち合わせの日は、いつがいいですか。

どこがダメ？

❶ 私は、父は作った会社を
もっと大きくしたい。

❷ 母は帰ってきたとき、僕は
居間でテレビを見ていた。

✎ 直してみよう

❶
- -

❷
- -

① 「私は」「父は」と言っているので、誰が何をしたのかよく分からない。
② 「母は」「僕は」と言っているので、誰について話したいのか分かりにくい。

私について？

父について？

私は、父は
母は…

母について？

単文主：主語1＋述語1。　　　単文従：主語2＋述語2。

単文主 ＋ 単文従

従属節（名詞を修飾しているので、名詞修飾節という）

複文：主語1＋ 主語2 が 述語2 ＋ 名詞 ＋述語1。

主節

複文：主語2 が 述語2 ｛ とき たら と まで ｝など 主語1 ＋ 述語1。

従属節

主節

従属節の主語の後ろは、基本的に「が」

　二つ以上の単文（主語＋述語）を使って作る文を「複文」と言います。複文は、一番伝えたい部分である主節（述語1がある節）と、従属節（述語2がある節）があります。従属節の主語は、基本的に「が」で表します。

72

- 従 ジョンさんはマンションに住んでいます。 **+** 主 私はそのマンションに行きました。
  - ➡ 私は、ジョンさんが住んでいるマンションに行きました。

- 従 赤ちゃんが眠っています。 **+** 主 母親はその間に料理を作りました。
  - ➡ 赤ちゃんが眠っている間に、母親は料理を作りました。

😃 やってみよう

正しい方を選びなさい。

1. この絵はまるで子ども（が・は）描いたみたいな絵ですね。

2. 地震（が・は）起きたとき、私はちょうど寝ようとしていたところでした。

3. 私（が・は）、友達（が・は）作ってくれたお守りを身に付けて試験に臨みました。

文法 プレイバック

名詞修飾節の中の「が」は、「の」に替えることができます。確認しましょう。

- | 母が作ったキムチ | が一番おいしいです。 ➡ | 母の作ったキムチ | が一番おいしいです。
- | 夜景が見えるレストラン | でデートした。 ➡ | 夜景の見えるレストラン | でデートした。
- | 争いがない世界 | を実現させたい。 ➡ | 争いのない世界 | を実現させたい。

練習しよう①

良い方を選びなさい。

1. 私（の・は）勤めている会社は、このビルの最上階にある。

2. お母さん（が・は）帰ってくる前に片付けておかないと、叱られるよ。

3. ヨウコさん（が・は）友達が教えてくれたアプリを使ってみたそうです。

4. 時計（が・は）止まっていたせいで、会議に遅刻した。

5. 私（の・は）IT関係の会社で営業をしています。

練習しよう ②

それぞれの文を表している絵を選びなさい。

1. 子どもが帰る前に、アイスを食べた。(　　)

2. 子どもは、帰る前にアイスを食べた。(　　)

A

B

>>>>> 自分のことばで...!

① 「Aが〜とき、私は〜」で文を書いてみましょう。※Aは自分以外

例 彼女が笑っているとき、私は幸せを感じる。

「直してみよう」の答え
①私は、父が作った会社をもっと大きくしたい。　②母が帰ってきたとき、僕は居間でテレビを見ていた。

74

どこがダメ？

❶ 先生：レポートは10日までに
　　　　出してください。
　学生：分かりましたよ。

❷ Aさん：これ、北海道のお土産
　　　　　ですね。どうぞ。
　Bさん：え？　あ、ありがとう。

✏ 直してみよう

❶
- -
❷
- -

①先生に対して、失礼な言い方になってしまう。
②自分の物のはずなのに、相手に確認しているので、誰のお土産か分からない。

✋ ポイントチェック

（文）＿＿＿＿よ。

（文）＿＿＿＿ね。

「よ」は相手が知らないことを伝えるときに使う助詞です。しかし、「相手のために教えてあげる」という意味を持つので、そのつもりがないときに使うと不自然です。また、目上の人からの指示や依頼に対して答えるときなどに使うと失礼になります。
一方、「ね」は相手に何かを確認したり、同じ考えであることを伝えたりするときに使う助詞です。なので、相手に確認する必要がないときに使うと、不自然になります。

😊 やってみよう

正しい方を選びなさい。

1. 上司：あさっての会議の資料はもうできた？

   部下：今、（ 作っていますよ・作っています ）。

2. 自己紹介をします。私はキム（ ですよ・です ）。韓国から（ 来ましたよ・来ました ）。

3. A：この雑誌、見てもいいですか。

   B：（ いいですよ・いいです ）。どうぞ。

文法 プレイバック

他にもいろいろな終助詞（文の最後に付ける助詞）があります。整理しましょう。

■ か

(1) 疑問：何か質問はありますか。

(2) 勧誘：一緒に帰りませんか。

■ ね

(1) 同意の表明／要求：「月がきれいだね」―「そうだね」

(2) 確認：明日の会議は1時からですね。

(3) 依頼：国へ帰っても、連絡してくださいね。

■ よ

(1) 相手が知らないことを伝える：外は雪が降っていますよ。

(2) 主張：このケーキおいしいよ。／それは違うと思うよ。

(3) 許可／承諾：「ここに自転車を止めてもいいですか。」―「ええ、構いませんよ。」

> 自分のことを言うときに、使い過ぎると押し付ける印象になるので、気を付けよう。
> ・（自己紹介で）「私は学生ですよ。22歳ですよ。趣味は山登りですよ。ゲームが好きですよ。…」

■ よね

(1) 確認（自信がないとき）：「次の授業は601教室だよね」―「うん、そうだよ」

(2) 確認（お互いに前から知っていると思うとき）：あの店のケーキおいしいよね。

練習しよう①

正しい方を選びなさい。

1. A：もう、この映画を見ました (か・よ)。

B：いいえ、まだ見ていないんです (か・よ)。

A：じゃあ、一緒に見に行きません (か・よね)。

B：いいです (ね・よね)。行きましょう。

練習しよう②

男の人は何と言えばいい？　書きなさい。

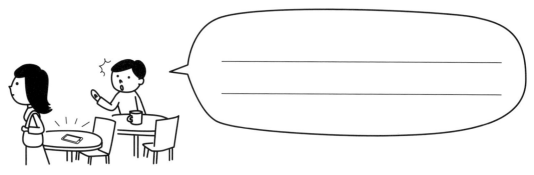

自分のことばで...!

①あなたは友達を遊びに誘いたいと考えています。どのように誘ったら友達が来たくなるか、会話を作ってみましょう。

「直してみよう」の答え
①分かりました。　②これ、北海道のお土産です。どうぞ。

レッスン
19

どこがダメ？

① 先生が私を呼んだので、
職員室に行きました。

② 子どものころ、よく犬が
私を追い掛けた。

✏️ 直してみよう

①

②

自分のことなのに、自分以外が主語になっているので、日本語として不自然。

ワンワン！

☝ ポイントチェック

私 ‥‥‥‥ 家族 ‥‥‥ 友人 ‥‥‥ 知らない人 ‥‥‥‥‥‥ 物

近い ←　　　　　　　　　　　　　　　　→ 遠い

日本語は自分（自分に近いもの）の視点から表現するのが自然。

日本語では、文の中に何かをする人（X）とされる人（Y）がいる場合、通常自分または自分に近い視点で表します。なので、Yが自分や自分に近い存在のときは、受身を使ってYの視点で表すのが自然です。

- 兄は私をたたいた。　　➡ 私は兄にたたかれた。
- 先生は友達を呼び止めた。➡ 友達は先生に呼び止められた。
- 蜂が友達を刺した。　　➡ 友達が蜂に刺された。

【自分がAチームを応援している場合】

- Bチームの選手がホームランを打った
  ➡（Aチームは）Bチームの選手にホームランを打たれた。

※主語が自分の場合、「私は」は省略されることが多い。（自分以外は省略しない）

80

やってみよう

次の文を受身文にしなさい。

1. 母は私を叱った。 ➡ ＿＿＿＿＿＿＿＿＿＿。
2. 隣のおばさんは弟を褒めた。 ➡ ＿＿＿＿＿＿＿＿＿＿。
3. 蛇が男性をかんだ。 ➡ ＿＿＿＿＿＿＿＿＿＿。

文法プレイバック

直接受身の文型を確認しましょう。

■ 直接受身

文型Ⅰ

X が(は) Y を 動詞 。

↓

Y が(は) X に(から) 動詞（受身形）。

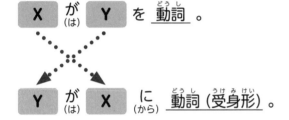

- 上司は部下を叱った。

↓

- 部下は上司に叱られた。

文型Ⅱ

X が(は) Y に ＿ を 動詞 。

↓

Y が(は) X に(から) ＿ を 動詞（受身形）。

- 男性は私に道を尋ねた。

↓

- （私は）男性に道を尋ねられた。

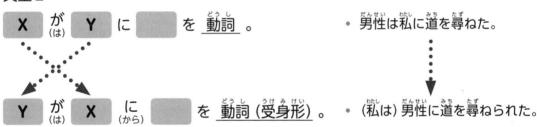

受身を使って視点をそろえれば、文が分かりやすくなるよ。

- △ みんなの前で先生が僕を叱って、僕は恥ずかしかった。

⬇

- ○（僕は）みんなの前で先生に叱られて、恥ずかしかった。

練習しよう①

次の文を受身文にしなさい。

1. 友達が私を夏祭りに誘った。　➡ _____。

2. 相手チームの選手が僕のチームの　➡ _____。
　　選手を倒した。

3. 熊が村人を襲った。　➡ _____。

4. 友達のメールが彼を励ました。　➡ _____。

5. 洪水で、川がその家を押し流した。➡ _____。

練習しよう②

下の絵を見て、日本語で説明しなさい。

_____

_____

>>>>> 自分のことばで...!

① 誰かに褒められてうれしかった経験について書いてみましょう。
　何をして、誰に褒められましたか。そのとき、どんな気持ちでしたか。

② 相手に何かをされて嫌だった経験について書いてみましょう。
　いつ、誰にどんなことをされましたか。そしてそのときどう思いましたか。

「直してみよう」の答え
① (私は) 先生に呼ばれたので、職員室に行きました。　②子どものころ、(私は) よく犬に追い掛けられた。

レッスン **20**

どこがダメ？

❶ 私_{わたし}の足_{あし}が誰_{だれ}かに踏_ふまれました。

❷ 弟_{おとうと}が、冷蔵庫_{れいぞうこ}に入_いれておいた
ケーキに食_たべられました。

 直してみよう

❶

- -

❷

- -

①足が別の生き物のように聞こえる。

②ケーキが人を食べたという意味になってしまう。

👆 ポイントチェック

痛いのは、足じゃなくて「私」！

自分の足が踏まれたり、自分の物を盗まれたとき、「痛い」「困る」と考えるのは、足や物ではなく、自分です。なので日本語では、もし体の一部や、持っている物などが他の人から何かをされても、主語は「私」のままです。「私の足は」「私の財布は」のような表現は日本語としては不自然です。

😀 やってみよう

次の文を受身文にしなさい。

1. 母が私の漫画を捨てた。　➡ _____。

2. 犬が私の頬をなめた。　　➡ _____。

3. 誰かが私の名前を呼んだ。➡ _____。

文法 プレイバック

持ち主の受身の文型を確認しましょう。

■ 持ち主の受身

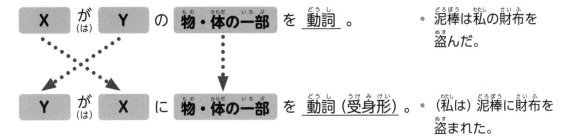

| X が(は) Y の **物・体の一部** を 動詞 。 | • 泥棒は私の財布を盗んだ。 |

| Y が(は) X に **物・体の一部** を 動詞 (受身形) 。 | • (私は) 泥棒に財布を盗まれた。 |

(1) 持ち物・自分に属する物

- みんなに絵を褒められたので、将来漫画家になろうと思った。
- 妹に勝手に化粧品を使われた。

(2) 体の一部

- 姉の子どもに髪を引っ張られたり、手をつねられたりしたので、叱ってやった。
- 後ろから肩をたたかれたので振り返ると、中学時代の友人だった。

練習しよう①

（　　　）に適切な助詞を入れなさい。

1. 小さい頃、犬（　　　）足をかまれたことがあるので、犬が嫌いです。

2. 子どもに新しいスカート（　　　）ジュース（　　　）こぼされた。

3. 知らない人（　　　）ネットで悪口を書かれた。

4. 後で食べようと思っていたプリン（　　　）、姉に食べられた。

5. 姉の子どもに背中（　　　）くすぐられた。

6. 出会って一瞬で彼女（　　　）心を奪われたんです。

練習しよう②

下の絵を、受身を使って文にしなさい。

1.

2.

僕

_____

_____

>>>>>　自分のことばで...!

① 今まで、誰かに何かを盗まれたり、壊されたりした経験があれば書いてみましょう。
　なければその経験がある人に聞いて、それを書きましょう。

- -

「直してみよう」の答え
① （私は）足を誰かに踏まれました。　② （私は）弟に冷蔵庫に入れておいたケーキを食べられました。

レッスン **21**

どこがダメ？

1 新しい薬を作られました。

2 駅前に新しいビルを建てられました。

✏️ 直してみよう

1
- -

2
- -

新しい薬ができることも、新しいビルができることも、普通は迷惑なことではない。しかし、①②は、下のようなイメージになってしまう。

☝ ポイントチェック

これについて言いたい！

☐ が 物・出来事 を 動詞 。 ・主催者が花火大会を行う。

⬇

┌┄┄┐ が 物・出来事 が 動詞（受身形） 。 ・花火大会が行われる。

有名な物や出来事など、人ではなくそのものについて何かを言いたい場合は、物や出来事を主語にして、受身形を使って表します。このとき、助詞を間違えて人を主語にして「～を～される」と言ってしまうと、「私は迷惑だと思っている」という意味になってしまうので、気を付けましょう。

- （人が）東京スカイツリーを2012年に建てました。 ➡ 東京スカイツリーは、2012年に建てられました。
- （人が）牛乳からチーズを作ります。 ➡ チーズは牛乳から作られます。
- （人々が）英語を世界中で話しています。 ➡ 英語は世界中で話されています。
- ピカソがこの絵を描きました。 ➡ この絵はピカソによって描かれました。

※作った人も言いたいときは、「～によって」を使って表します。

😜 やってみよう

次の文を受身文にしなさい。

1. 鉄道会社がここに新しい駅を作ります。 ➡ _____。

2. 3月に卒業式を行います。 ➡ _____。

3. ぶどうからワインを作ります。 ➡ _____。

文法 プレイバック

受身には、「迷惑の受身」と言われるものもあります。確認してみましょう。

■ 迷惑の受身 (間接受身)
何かの出来事に対して、自分が迷惑だと感じた場合に使う。

（事実）**雨が降りました。**   （迷惑）**雨に降られました。**

| Y | が | | を | <u>他動詞</u> 。 | • アルバイトが店を辞めた。 |

↓

| X | が
(は) | Y | に | | を | <u>他動詞 (受身形)</u> 。 | • （私は）
アルバイトに店を
辞められた。 |

| Y | が | <u>自動詞</u> 。 | • 子どもが泣いた。 |

↓

| X | が
(は) | Y | に | <u>自動詞 (受身形)</u> 。 | • （私は）
子どもに泣かれた。 |

練習しよう①

（　　）の言葉が主語になるように、文を書きなさい。

1. クリスさんが寝ぼけて変なことを言ったので、みんなが笑った。(クリスさん)

_____

2. 聖徳太子が法隆寺を建てた。(法隆寺)

_____

練習しよう②

下の絵を、受身を使って文にしなさい。

1.

_____

_____

2.

_____

_____

>>>>> 自分のことばで...!

①自分の国の有名な物（建物・芸術作品など）について説明する文章を書きましょう。

「直してみよう」の答え
①新しい薬が作られました。　②駅前に新しいビルが建てられました。

レッスン **22**

どこがダメ？

❶ 学生（がくせい）は素晴（すば）らしいレポートを書（か）いて、
先生（せんせい）に褒（ほ）めさせました。

❷ 先生（せんせい）は学生（がくせい）に教科書（きょうかしょ）の文章（ぶんしょう）を
音読（おんどく）されました。

✏ 直してみよう

 ❶

_____

 ❷

_____

①学生が命令したという意味になってしまっている。
②「学生が音読したから、先生が困った」という意味になっている。

☝ ポイントチェック

X が Y に
動詞（使役形）。

食べさせる

X が Y に
動詞（受身形）。

食べられる

XがYに指示をしてYが何かをしたということを表すとき、使役を使います。これに対して、Yがしたことで Xが影響を受けたときは受身を使います。どちらも行動したのはYですが、意味が全然違うので注意しましょう。特に受身には「Xにとって迷惑なことである」という意味になる場合があるので、気を付けましょう。

やってみよう

正しい方を選びなさい。

1. 先生が学生を (立たされました・立たせました)。

2. 母親に恋人からのメールを (読まれました・読ませました)。

3. 母親が子どもに宿題を (されました・させました)。

 文法 プレイバック

使役の文型を確認しましょう。

■ **使役 (指示、命令、許可、放任)**

| Y が(は) | A | を | 他動詞 。 |

・学生が作文を書いた。

↓

| X が(は) | Y に | A | を | 他動詞 (使役形) 。 |

・先生は学生に作文を書かせた。

| Y が(は) | 自動詞 。 |

・選手が走った。

↓

| X が(は) | Y | を | 自動詞 (使役形) 。 |

・コーチが選手を走らせた。

※「場所＋を」があるときは、「を」は2回使わず、「選手に」となる。
・コーチが選手に砂浜を走らせた。

(1) 指示、命令

- 小さい子どもに水泳や英語を習わせる親は多い。
- 課長はミーティングで新入社員に自分のアイデアを発表させた。
- 駅に着いたらお電話ください。息子を迎えに行かせますから。

(2) 許可、放任

- 先生は具合の悪い学生を早めに帰らせた。
- 子どもには好きなことをやらせようと思っています。
- 悔しがっているなら、泣きたいだけ泣かせておけばいいよ。

> 使役 (指示、命令、許可、放任) は、下の立場の人 (学生、子ども、部下など)
> から上の立場の人 (先生、親、上司など) には使わない。

練習しよう①

次の文を使役文にしなさい。

1. 母親が子どもに部屋を片付けなさいと言ったので、子どもは片付けた。

_____

2. 先生が学生にその問題についてグループで話し合ってくださいと言ったので、
   学生は話し合った。

_____

練習しよう②

下の絵を、使役を使って説明しなさい。

1.

_____

_____

2.

_____

_____

＞＞＞＞＞ 自分のことばで…！

①あなたの家に、何でもできるロボットがいたら、何をさせたいですか。

　書いてみましょう。

どこがダメ？

① 今日は妻の誕生日だから、
妻を驚くために誕生日の
ケーキを注文した。

 直してみよう

①
- -

①妻がケーキに驚くことではなく、自分が妻に驚くことが目的のように聞こえてしまう。

☞ ポイントチェック

X が Y を 動詞（使役形）。

影響　　喜ぶ、悲しむ、驚く、笑う　など

Xがしたことが原因でYが驚いたり、喜んだり、悲しんだりしたことを表すとき、「XがYを動詞（使役形）」を使います（「誘発の使役」という）。ここで使う動詞は驚く、喜ぶ、悲しむ、泣く、怒る、笑うなど気持ちを表すものです。①で、夫は妻が驚く顔を見たくてケーキを注文したはずなので、誘発の使役を使って表現しないと、驚く人が変わってしまいます。

😖 やってみよう

正しい方を選びなさい。

1. その子は弟を（ 泣いた・泣かせた ）ので、母親に叱られた。

2. 本田君がいたずらをしたので、先生が（ 怒った・怒らせた ）。

3. 本田君はいたずらをして、先生を（ 怒った・怒らせた ）。

文法 プレイバック

使役の文型を確認しましょう。

■ 使役 (誘発)

| Y | が(は) | 感情を表す動詞 。 |

↓

(X が影響を与えた場合)

| X | が(は) | Y | を | 感情を表す動詞 (使役形) 。 |

• 父が怒った。

• 兄が父を怒らせた。

- 子どもたちは敬老会で上手に歌を歌って、お年寄りを喜ばせました。
- その息子は、悪事に手を染めて、両親を悲しませた。
- 友達をびっくりさせようと、内緒で誕生会を企画した。

「笑わせる」と「笑われる」の違い

• 私はみんなを笑わせた。

• 私はみんなに笑われた。

97

練習しよう①

使役を使って、次の文を一つにしなさい。

1. その子どもは大人でも解けない数学の問題を解いた。それでみんなはびっくりした。

_____

2. 日本チームは相手チームに大差で負けた。それでファンはがっかりした。

_____

練習しよう②

下の絵を、使役を使って文にしなさい。

1.

_____

_____

2.

_____

_____

⟫⟫⟫ 自分のことばで...！

①友人や家族を驚かせたり、喜ばせたりするために何かをしたことがあるでしょうか。
そんな経験について書いてみましょう。もし経験がない人は、これからやってみたいことを書きましょう。

- -

「直してみよう」の答え
①今日は妻の誕生日だから、妻を驚かせるために誕生日のケーキを注文した。

98

どこがダメ？

❶ エアコンの調子が悪いので、
電気屋さんに修理を頼ませた。

✏ 直してみよう
❶
- -

①私が電気屋に「他の人に修理を頼んでください」と言ったという意味になる。

☝ ポイントチェック

「頼む」「教える」「伝える」などの動詞は、ある人（X）が他の人（Y）に何かを働き掛ける意味を持っています。例えば「頼む」はXがYに何かをお願いすることです。そのため、これらの動詞を使役形にすると、XがYに指示をしてZに何かをさせるという意味になり、もう一人必要になります。（上の図を見てください。）このようなときは、動詞を使役形にする必要はありません。

😠 やってみよう

正しい方を選びなさい。

1. この会社は新入社員を（ 教育する・教育させる ）システムが整っている。

2. 祖父は息子に孫を厳しく（ 教育した・教育させた ）。

文法 プレイバック

元々働き掛ける意味を持つ動詞の使い方について確認しましょう。

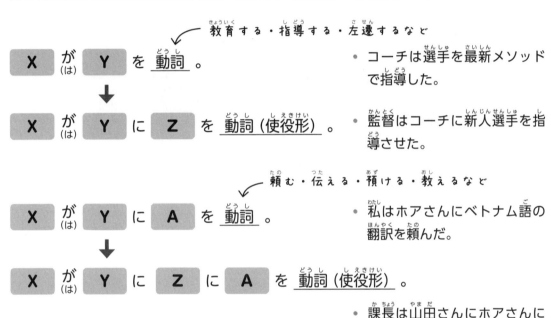

教育する・指導する・左遷するなど

X が（は） Y を __動詞__ 。
　→
X が（は） Y に Z を __動詞（使役形）__ 。

- コーチは選手を最新メソッドで指導した。
- 監督はコーチに新人選手を指導させた。

頼む・伝える・預ける・教えるなど

X が（は） Y に A を __動詞__ 。
　→
X が（は） Y に Z に A を __動詞（使役形）__ 。

- 私はホアさんにベトナム語の翻訳を頼んだ。
- 課長は山田さんにホアさんにベトナム語の翻訳を頼ませた。

※「に」が続くと分かりにくいので、次のように点を入れたり、別の表現を使ったりすることもあります。
- 課長は山田さんに、ホアさんにベトナム語の翻訳を頼むように言った。
- 課長は山田さんからホアさんにベトナム語の翻訳を頼ませた。

「～させる」と「～てもらう」の違い

他の人が何かをしたことでうれしいときは、使役ではなく「～てもらう」を使うよ。使役形を使うと、自分の立場が上と思っているように聞こえるので注意しよう。

- 私は忙しかったので、部下に会議の時間と場所を伝えさせた。

- 自分では恥ずかしくて言えなかったので、僕が彼女を好きなことを、田中君に伝えてもらった。

練習しよう①

（　）内の動詞を適当な形にして、_____ に書きなさい。

1. 新しいパンフレットの印刷を印刷屋に _____。（ 頼む ）

2. 課長は田中さんに新入社員を _____。（ 教育する ）

練習しよう②

下の絵を見て、日本語で説明しなさい。

荷物はこっち！

受付

_____

_____

⫸⫸⫸ 自分のことばで...!

①今まで困ったことがあったときに、誰かに何かを頼みましたか。
　いつ、どうしてそうしたのか詳しく書いてみましょう。

「直してみよう」の答え
①エアコンの調子が悪いので、電気屋さんに修理を頼んだ。

レッスン
25

どこがダメ？

❶ 学校<small>がっこう</small>では、学生<small>がくせい</small>たちは
本<small>ほん</small>を読<small>よ</small>まされたり、
作文<small>さくぶん</small>を書<small>か</small>かされたりします。

❷ 子<small>こ</small>どもは自分<small>じぶん</small>の好<small>す</small>きな
おもちゃで遊<small>あそ</small>ばされた。

✏ 直してみよう

❶
_____

❷
_____

どうして
ダメ？

やりたくないことを仕方なくやっているという意味になってしまっている。

☝ ポイントチェック

X が 動詞。	X が Y に 動詞（使役受身形）。

食べる

いやだ／〜たくない

食べさせられる

「読まされる」「書かされる」「遊ばされる」などの使役受身の表現は、基本的に「自分はやりたくない。でも、他の人に言われたからする」というときに使います。つまり、「食べる」も「食べさせられる」も、気持ちが違うだけで、食べるのはどちらも自分なので注意しましょう。もし自分の意志ではなくても、仕事や課題など、するのが当然のときには使わない方がいいです。また、自分が楽しい／うれしいと感じることに使うと不自然になります。

やってみよう

正しい方を選びなさい。

1. レストランのアルバイトで料理を（ 作っています・作らされています ）。
2. 歌が下手なのにカラオケでみんなに（ 歌って・歌わされて ）恥ずかしかった。
3. 子どもの頃、母に毎日トマトを（ 食べて・食べさせられて ）嫌いになった。

文法プレイバック

「自分の意志で何かをしたときの表現」と、「他の人の指示や命令でしたときの表現（使役受身)」を比べてみましょう。

■ 自分の意志ですること

[X] が(は) 自動詞 。

- (私は) フランスへファッションの勉強に行きます。

[X] が(は) [　　] を 他動詞 。

- (私は) イギリスに留学するために、会社を辞めました。

■ 他の人の指示や命令ですること（使役受身を使う）

[X] が(は) [Y] に 自動詞（使役受身）。

- テレビを見ていたのに、母に犬の散歩に行かされました。
- こどもの頃、いたずらをして先生に立たされたことがある。

[X] が(は) [Y] に [　　] を 他動詞（使役受身）。

- ゲームのし過ぎで目が悪くなったので、父にゲームをやめさせられました。
- シンデレラは意地悪な姉たちに、掃除をさせられたり、洗濯をさせられたりしていた。

練習しよう①

（　）の動詞を適当な形にして、＿＿＿に書きなさい。

1. 練習でミスをするとコーチにグラウンドを ＿＿＿＿＿＿＿＿＿＿＿＿。（走る）

2. みんなが持っているからと、子どもにスマートフォンを ＿＿＿＿＿＿＿＿＿＿。（買う）

練習しよう②

次の1〜3の文で「飲んだ」のは誰か（　　　）に書きなさい。

1. その少年は悪い男たちに薬を飲まされて小さくなってしまった。（　　　）

2. 大切にとっておいた高級ワインを友達に飲まれた。　　　（　　　）

3. 母親は赤ちゃんにミルクを飲ませた。　　　　　　　　（　　　）

自分のことばで...!

① 今まで、誰かに何かをさせられて嫌だと思ったことがありますか。
　詳しく書いてみましょう。
　経験がない人は、自分が何をさせられたら嫌か、考えて書いてみましょう。

「直してみよう」の答え
①学校では、学生たちは本を読んだり、作文を書いたりします。　②子どもは自分の好きなおもちゃで遊ばせてもらった。

どこがダメ？

❶ 友達が急に変な髪型にしてきて、
僕は驚かれました。

 直してみよう

❶
- -

① 僕ではなく友達が驚いたという意味になっている。

✍ ポイントチェック

| X | は | Y | に
動詞（使役受身形）。

驚かされた ＝ 驚いた

| X | は | Y | に
動詞（受身形）。

驚かれた

「驚かされる」「感動させられる」などの感情・思考を表す動詞の使役受身の表現は、何かを聞いて／見て、その影響だということをはっきり伝えたいときに使います。驚いたり感動したりするのはXです。「驚かれる」「感動される」など受身を使うと、その気持ちを持ったのは相手だと言うことになってしまい、意味が全然変わってしまうので注意しましょう。

やってみよう

正しい方を選びなさい。

1. その映画を見て、本当の友情について（考えられた・考えさせられた）。

2. 健太君は全科目100点を取って、みんなに（驚かれた・驚かされた）。

3. 山田君は6年間一度も休まずに学校に通って、先生たちを（感心させた・感心させられた）。

文法 プレイバック

何かから影響を受けてその気持ちが出てきたことを表す使役受身の表現を確認しましょう。

■ 感情・思考を表す動詞を使った使役受身

| X | が (は) | 感情・思考を表す動詞 |

- 自分の将来について考えた。

⬇

| X | が (は) | Y | に | 感情・思考を表す動詞 （使役受身形） |

- 僕たちはアイデアが豊富な佐藤君にいつもびっくりさせられる。
- 友人が転職したのを知って、自分の将来について考えさせられた。
- 今回の結果を見て、自分の努力がまだまだ足りないと思わされた。

※ 事実を伝えるだけなら、使役受身を使う必要はありません。しかし、外からの影響でその気持ちが出てきたことを強調したいときには、この形を使います。

練習しよう①

正しい方を選びなさい。

1. 今回のことで自分の未熟さを (痛感された・痛感させられた)。

2. 母親は子どものことを (思って・思わされて)、厳しくしつけるのですよ。

3. そのチームの諦めない姿勢に、みんなは (感動された・感動させられた)。

4. 先生は、学生にグループ活動の内容を (考えさせた・考えさせられた)。

5. 田中君は急に大きな声を出して、隣の人に (びっくりされた・びっくりさせられた)。

練習しよう②

例のように書きなさい。

例 心から感動した。(盲目のピアニストの素晴らしい演奏)

　　盲目のピアニストの素晴らしい演奏に、心から感動させられた。

1. ハラハラした。(息子の危ない運転)

_____

2. がっかりした。(市の対応が遅いこと)

_____

⟫⟫⟫⟫ 自分のことばで...!

①本を読んで、または映画やテレビ番組を見て、考えさせられたことなどはありますか。
　どんな内容で何を考えさせられたのか、そのことについて詳しく書いてみましょう。

「直してみよう」の答え
①友達が急に変な髪型にしてきて、僕は驚かされました。

どこがダメ？

① 先週借りたお金、給料が出たら
返してあげます。

✏️ 直してみよう
①
- -

①借りたお金を返すのは当然なのに、「私はあなたから感謝されることをします」という意味になってしまっているので、とても失礼。

☞ ポイントチェック

「～てあげる」という表現は、「あなたのためにします」という気持ちを持っていることを相手に伝える表現ですが、同時に、相手が感謝するのが当然だという意味も入ってしまいます。なので、①の「借りたお金を返す」のような「やって当たり前のこと」には使えません。

また、「～てあげる」と相手に直接言うのは、相手に「感謝してほしい」と伝えているのと同じです。相手にとってありがたいことでも、基本的には上司や先生など、自分より立場が上の人に使うと失礼になります。相手が子どもや親しい友達のときに使うようにしましょう。

- 先生：今日休んでいるマキちゃんにも、伝えてあげてね。
- Ａ：おごってくれるなら、答えを教えてあげるけど。
  Ｂ：本当？

※ 立場が上の人や、知らない人が相手のときは「〜ましょうか」や「お（ご）＋〜ます」を使います。

• 重そうですね。一つ持ちましょうか。

• 日時が決まりましたら、お伝えします。

丁寧に言おうとして「〜てさしあげる」と言ってしまう
人がいるけど、会話で直接言うのはNG！
× 社長、タクシーを呼んでさしあげましょうか。
〇 社長、タクシーをお呼びしましょうか。

😖 やってみよう

良い方を選びなさい。

1. 今日締め切りのレポートを先生に（ 出しました・出してあげました ）。

2. 子どもが描いてと言ったので、ねこの絵を（ 描きました・描いてあげました ）。

3. お客さま、私が（ 案内してさしあげます・ご案内いたします ）。

文法 プレイバック

「〜てあげる」の表現を確認しましょう。

| X | が (は) | Y | に | A | を | 〜てあげる | 。 |

• 母親は子どもに毎晩絵本を読んであげました。

• キムさんは、マリアさんに富士山の写真を撮ってあげた。

| X | が (は) | YのA | を | 〜てあげる | 。(相手の物に対して何かをする場合) |

※相手の物に対して何かをする場合は、「相手に」が省略されて「相手のAを」となる。

• 兄が ~~弟に~~ 弟の荷物を持ってあげた。

• キムさんは、~~マリアさんに~~ マリアさんの写真を撮ってあげた。

| X | が (は) | Y | を | 〜てあげる | 。(移動を表す動詞の場合) |

• グエンさんは友達を大使館へ連れていってあげました。

• 妹に、浅草を案内してあげようと思います。

※「場所を」が入るときは、「人に」になる。

練習しよう①

良い方を選びなさい。

1. 息子がサッカーを頑張っているから、今度新しいシューズを (買おう・買ってあげよう) と思う。

2. 先生、キムさんの送別会の日時が決まったら、(知らせてあげます・お知らせします)。

3. 迷子になって泣いている子どもを、案内所まで (お連れした・連れていってあげた)。

4. サリさん、新入生に教室の場所を (教えてあげて・教えてさしあげて) くれませんか。

5. 就職試験を受けるために、履歴書を (送った・送ってさしあげた)。

練習しよう②

下の絵を、日本語で文にしなさい。

1.

_____

_____

2.

だいじょうぶ？

田中さん

_____

_____

>>>>> 自分のことばで...!

①今まで、誰かのために、何かをしてあげたことを思い出して書いてみましょう。

②友達や恋人、家族のために、どんなことをしようと思いますか。書いてみましょう。

「直してみよう」の答え
①先週借りたお金、給料が出たら返します。／先週借りたお金、給料が出たらお返しします。

どこがダメ？

❶ 友達（ともだち）が手伝（てつだ）ったので、引（ひ）っ越（こ）しが
早（はや）く終（お）わりました。

❷ 山田（やまだ）さん、教（おし）えてありがとう
ございます。

 直してみよう

❶
_____

❷
_____

①感謝の気持ちが見えないので、「手伝うのは当然」と考えているような印象になる。

②「〜てありがとうございます」という表現はない。

友達

☝ ポイントチェック

ありがとう

行動

「〜てくれる」は、相手の行動が、自分にとってありがたいということを、感謝の気持ちを入れて表現するときに使います。相手の行動が自分にとって良いことだったのに「〜てくれる」を使わないと、日本語としては不自然で、失礼な印象になることもあるので気を付けましょう。

なので、②のように相手の行動に対して「ありがとう」と言うときも、「〜てくれて」と言わないと不自然な日本語になるので、気を付けましょう。

> 「〜てありがとう」という日本語はない！ 感謝するときは「〜てくれてありがとう」を使おう。

😖 やってみよう

良い方を選びなさい。

1. 子どもの頃、祖母はよく私にケーキを (作りました・作ってくれました)。

2. 今、友達が (紹介した・紹介してくれた) アルバイトをしています。

3. 友達が約束を (破った・破ってくれた) ので、僕は腹を立てている。

文法 プレイバック

相手の行動が自分にとってありがたいときの表現について整理しましょう。

■ 〜てくれる (丁寧に言うときは「〜てくださる」)

| X | が (は) | 〜てくれる 。 |

- 日本に来たばかりの頃、隣の部屋の林さんがいろいろ教えてくれました。
- 先生は自分で勉強できるサイトをいろいろ教えてくださいました。
- 山下さんのお母さんが、私を招待してくださいました。
- 木村君が私のパソコンを直してくれた。

■ 〜てもらう (丁寧に言うときは「〜ていただく」)

| X | が (は) | 〜てもらう 。 |

- 日本に来たばかりの頃、分からないことが多かったので林さんにいろいろ教えてもらった。
- 野球を見てみたかったので、野球に詳しい太田さんに連れていってもらった。
- ジェームスさんは久保田さんに日本語の宿題を手伝ってもらいました。
- 先生に奨学金のための推薦状を書いていただきました。

> 「〜てくれる」と「〜てもらう」は、両方とも視点 (感謝する人) は「私／私に近い人」だけど、「〜てくれる」は主語が他の人 (第三者)、「〜てもらう」は主語が私／私に近い人になるのがポイントだよ。

練習しよう①

正しい方を選びなさい。

1. 皆さん、今日は私のコンサートに（ 来て・来てくれて ）ありがとう。

2. 部屋に妹が（ 来て・来てくれて ）、僕の漫画を勝手に持っていった。

3. 友達に頼んでアルバイトを（ 代わった・代わってもらった ）。

4. 先生が面接の練習を（ してくださいました・していただきました ）。

5. 弟に英語の教科書に落書きを（ された・してもらった ）。

練習しよう②

「〜てもらう」「〜てくれる」を使って文を完成させなさい。

1. 私は食欲がなくて食べられないので、残ったから揚げを岡田君に _____。

2. 財布をなくして困っているとき、友達が _____。

⫸⫸⫸ 自分のことばで...!

①これまでの生活でお世話になった人について書きましょう。
　誰がどんなことをしてくれましたか。そのとき、あなたはどうしましたか。

「直してみよう」の答え
①友達が手伝ってくれたので、引っ越しが早く終わりました。
②山田さん、教えてくれてありがとうございます。／山田さん、教えてくださってありがとうございます。

118

レッスン
29

どこがダメ？

❶ スマホを忘^{わす}れたので、事務所^{じむしょ}の
電話^{でんわ}を使^{つか}っていただきました。

❷ 先生^{せんせい}に私^{わたし}のレポートを読^よませて
いただきました。

✏️ 直してみよう

❶

- -

❷

- -

①スマホを忘れたのは自分なのに、事務所の人が電話を使うという意味になっている。

②自分が書いたレポートを読むのだから先生の許可をもらう必要はないのに、先生にお願いして自分のレポートを読んだという意味になっている。

👆 ポイントチェック

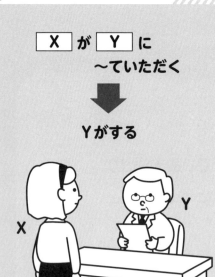

X が Y に
〜ていただく

⬇

Yがする

・先生に論文を読んでいただいた。

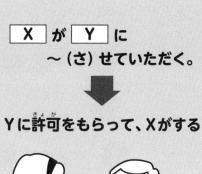

X が Y に
〜（さ）せていただく。

⬇

Yに許可をもらって、Xがする

・先生に論文を読ませていただいた。

「〜ていただく」は自分より立場が上の相手にお願いをして、何かをしてもらうことを表します。それに対して、「〜（さ）せていただく」は相手の許可をもらって自分が何かをするということがポイントです。どちらも相手に感謝する気持ちがあります。友達や家族に対しては「〜てもらう」「〜（さ）せてもらう」を使います。

😠 やってみよう

正しい方を選びなさい。

1. お客さまにアンケートに (答えて・答えさせて) いただきました。

2. ご招待ありがとうございます。喜んで (出席して・出席させて) いただきます。

3. 先生は私に学校のパソコンを使わせて (いただきました・くださいました)。

文法 プレイバック

「～(さ)せてもらう／いただく」と「～(さ)せてくれる／くださる」の使い方を整理しましょう。

■ ～(さ)せてもらう／いただく

| X | が (は) | Y | に | ～(さ)せてもらう／いただく | 。 |

- 先生にお願いして、アシスタントとしてプロジェクトに参加させていただきました。
- A：すみません。今日はちょっと具合が悪いので先に帰らせてもらいます。
  B：ええ、どうぞ。お大事に。
- すみません、来週の月曜日休ませていただきたいんですが…。
- 本日の司会は、私、山田が務めさせていただきます。

※「～(さ)せていただく」はもともとは相手に許可をもらって何かをするという意味ですが、ビジネスの場面などでは許可をもらう意味がなくても、自分が何かをするとき、よく使われています。

■ ～(さ)せてくれる／くださる

| X | が (は) | 私 | に | ～(さ)せてくれる／くださる | 。 |

- 子どもの頃、両親は私に好きなことをさせてくれました。
- 課長は新入社員の私にプレゼンをさせてくださいました。
- A：この間の転職の話、どうしますか。
  B：うーん、もう少し考えさせてください。

> 相手に感謝している（自分がしたかったこと）なら「～(さ)せてもらう」、感謝していない（自分がしたくなかったこと）なら使役受身を使うよ。
> ・研修でニューヨークに行かせてもらいました。
> ・友達と殴り合いのけんかをして、母に謝りに行かされた。

練習しよう①

_____ について、（　　　）の行動をするのは誰か書きなさい。

1. 田中：あ、森さん、すみません。ちょっと<u>待ってもらえますか</u>。（ 待つ：　　　　　 ）

2. 山田：申し訳ございません。森はただ今席を外しておりまして。すぐ戻ると思いますが。
　　鈴木：そうですか。では<u>待たせていただきます</u>。（ 待つ：　　　　　 ）

3. 僕のは壊れているので、キム君にプリンターを<u>使わせてもらった</u>。（ 使う：　　　　　 ）

4. 中学生のとき、母が、好きなアイドルのコンサートに<u>行かせてくれた</u>。（ 行く：　　　　　 ）

5. 友達が僕の悩みを<u>聞いてくれた</u>。（ 聞く：　　　　　 ）

練習しよう②

自分の経験を思い出して、文を完成させなさい。

1. _____ ていただきました。

2. _____ せていただきました。

自分のことばで...！

① 「～させていただきます」は、どこで、どんなときに使われていますか。思い出して書き出してみましょう。

- -

「直してみよう」の答え
①スマホを忘れたので、事務所の電話を使わせていただきました。　②先生に私のレポートを読んでいただきました。

レッスン
30

どこがダメ？

❶ 田中(たなか)さん、さっきＡ社(しゃ)から書類(しょるい)が届(とど)けましたよ。

❷ すみません。ちょっと邪魔(じゃま)だからその荷物(にもつ)をどいてください。

✏ **直してみよう**

----

①書類が自分で歩いて、何かを持ってきたという意味になっている。
②荷物に「自分で動いてください」と言っているように聞こえて、変。

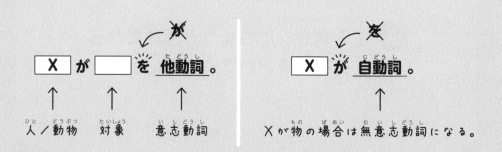

どいてください！

☝ ポイントチェック

```
    ↙ が              ↙ を
[ X ]が[  ]を 他動詞。    [ X ]が 自動詞。
  ↑    ↑    ↑                    ↑
人／動物  対象  意志動詞      Xが物の場合は無意志動詞になる。
```

「人が本を読む」のように、「を」で対象を表す動詞を他動詞、「人が泣く」のように、対象がない動詞を自動詞と言います。そして、他動詞と自動詞には、「(人がドアを)開ける／(ドアが)開く」のようにペアになっているものが多くあります。他動詞は全て意志動詞ですが、自動詞は、ペアの他動詞があって物が主語の場合には無意志動詞になります。なので、その場合は当然「～てください」などの相手に働き掛ける表現は使えません。

😆 やってみよう

正しい方を選びなさい。

1. 就職先を早く (決まった・決めた) 方がいいよ。

2. おかしいですね。さっき消したはずなのに2階の電気が (ついている・つけている)。

3. 3番線、ドアが (閉まります・閉めます)。ご注意ください。

文法 プレイバック

自動詞と他動詞のペアがある場合、他動詞を使うか自動詞を使うかは、どこに焦点を当てて言いたいかによって決まります。

| する人（X） ＋ 対象となる人／物（A） | 人／物（A）だけ |

私がテレビをつけた。

↑ ↑ ↑
X A 他動詞

テレビがついた。

↑ ↑
A 自動詞

他動詞は、XがAに影響を与えたことを示す場合に使います。それに対して自動詞は、自然に起きたことや、XがAにしたことでも、Aだけについて言う場合に使います。

X が（は） A を 他動詞 。

- 父はバラを育てるのが上手です。
- 空気を入れ替えるために、窓を開けた。

A が（は） 自動詞 。

- 温暖な気候のおかげで植物がよく育ちます。
- どろぼうは開いていた窓から入ったらしい。

以下は、他動詞と自動詞を使った表現の例です。
何について言いたいのかを考えてみましょう。

- 妻：あなた、お茶がはいりましたよ。
  夫：いつもおいしいお茶をいれてくれてありがとう。
- 鍵はかかっているよ。さっき僕がかけたから。
- 子ども：あれ？　壊れてる。
  母　　：乱暴に扱って、壊したんじゃないの？
  子ども：違うよ。僕、触ってないもん。

ペアになる他動詞、自動詞がない場合は、以下のように使役形や受身形を使う方法もあるよ。

・果汁を凍らせて、シャーベットを作ります。（自動詞を使役形にして他動詞のように使う）
・パスポートに入国のスタンプが押された。（他動詞を受身形にして自動詞のように使う）

練習しよう①

_____ は自動詞か他動詞か、選びなさい。

1. 強い風で桜の枝が折れてしまった。(自動詞 ・ 他動詞)

2. 会議に少し遅れそうなので、先に進めておいてくれませんか。(自動詞 ・ 他動詞)

3. テーブルの上にはお皿とグラスがきれいに並べてありました。(自動詞 ・ 他動詞)

4. グループ発表のテーマは決まりましたか。(自動詞 ・ 他動詞)

5. 買ってきた野菜はすぐに冷蔵庫に入れておいてね。(自動詞 ・ 他動詞)

練習しよう②

_____ に動詞を書いて会話を完成させなさい。

Ａ：あ、セーターからシャツが 出_____ よ。

Ｂ：これは、ファッションで 出_____ よ。

▶▶▶ 自分のことばで...!

① 「新しいことが始まるんじゃありません。新しいことを始めるんです」。この文はどんなことを伝えたいのでしょうか。意味を考えて書いてみましょう。

「直してみよう」の答え
①田中さん、さっきＡ社から書類が届きましたよ。　②すみません。ちょっと邪魔だからその荷物をどけてください。

レッスン
31

どこがダメ？

1 店長、お皿を洗っていたら、
落ちて割れてしまいました。

 直してみよう

1
- -

①お皿の状況を説明しているだけなので、「自分は何もしていない（＝自分は悪くない）」と言っているように思われる。

☝ ポイントチェック

A が	X が A を
自動詞（て形）＋しまう。	他動詞（て形）＋しまう。

自分の失敗のときは、こっち。

「落ちる」「割れる」のような自動詞を使うと、Aだけに焦点が当たるので、残念だという気持ちを表す「～てしまいました」を使っても、「自分は何もしていない、自分には責任がない」と思っているように聞こえます。自分のミスや不注意で失敗をしてしまったときには、自分の意志でしたことでなくても、自分の行動に焦点を当てるために他動詞を使いましょう。

128

😀 やってみよう

良い方を選びなさい。

1. すみません。お茶をこぼして借りた本 (が汚れて・を汚して) しまいました。

2. 昨日の雨で木の葉がたくさん (落ちて・落として) しまいましたね。

3. 違うボタンを押して、電話 (が切れて・を切って) しまいました。すみません。

文法 プレイバック

他動詞を使う表現を確認しましょう。

■ 自分の意志ではないとき

- わ、しまった。今日一日作業したデータを消しちゃった。

- 兄から借りたカメラを落として、壊してしまった。どうしよう。

- 旅行中にパスポートをなくしたことがあります。

- A：どうしたんですか。
  B：実はスノーボードに行って、足の骨を折ってしまったんです。

■ 自分の意志のとき

- 先生：誰か授業の後、黒板を消してくれませんか。
  バン：はい、僕が消します。

- このビルは古くて危ないので来月壊すんですよ。

- 試験のときは、不注意によるミスをなくしましょう。

練習しよう①

（　）から動詞を選んで _____ に適切な表現を書きなさい。

1. 冷たいものを食べ過ぎて、おなかを _____。(壊す・壊れる)

2. 配水管が _____、水があふれた。(詰める・詰まる)

3. 鍵を _____、部屋に入れなかった。(なくす・なくなる)

4. 台風で _____ 木が民家を直撃した。(倒す・倒れる)

5. 手をドアに _____ しまい、ものすごく痛かった。(挟む・挟まる)

練習しよう②

下の絵を見て、文を完成させなさい。

消しゴムを取ろうとして、_____。

自分のことばで...!

①職場やアルバイト先で自分の不注意で失敗してしまいました。上司や店長に謝る言葉を考えてください。

- -

「直してみよう」の答え
①店長、お皿を洗っていたら、落として割ってしまいました。

130

レッスン
32

どこがダメ？

❶ 駅に着くと、電話してください。

❷ 夏になると、海へ行きましょう。

 直してみよう

❶ _____

❷ _____

どうして ダメ？

「駅に着くと」「夏になると」と言ったのに、後ろに「〜てください」「〜ましょう」と続いているので、何を言いたいのか伝わりにくい。

☝ ポイントチェック

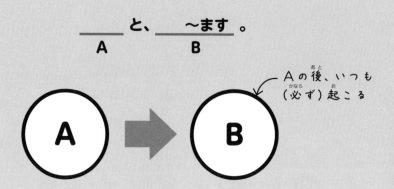

＿＿＿＿と、＿＿＿＿〜ます。
　　A　　　　　　B

Aの後、いつも（必ず）起こる

「ボタンを押すとジュースが出ます」のような「＿A＿と、＿B＿。」という文では、Aの後、Bはいつも起こることが来ます。いつも起こることなので、「〜てください／〜しましょう／〜したいです／〜てほしいです」などの意志を表す表現や、1回だけのことに「＿A＿と、＿B＿。」という文は使えません。そのような場合は、「〜と」ではなく「〜たら」を使います。

😛 やってみよう

正しい方を選びなさい。

1. このひもを引っ張ると（ 電気がつきます・電気をつけてください ）。

2. テストが（ 終わると・終わったら ）帰ってもかまいません。

3. この歌を聴くと（ 踊りたいです・悲しくなります ）。

文法 プレイバック

「～と」の使い方を確認しましょう。

■「 A と、 B 。」
いつも起こることを表します。
自然現象、習慣、言い伝え、機械の操作と結果などでよく使われます。

- 秋になるとこの山全体が赤く色づく。(自然現象)
- お酒を飲むと顔が真っ赤になるんです。(生理現象)
- 18歳になると選挙権が与えられる。(ルール)
- 角を曲がるとコンビニがあります。(道案内)
- 茶柱が立つと、いいことがある。(言い伝え)

■「 A と、 B た。」
過去の習慣を表します。

- 子どもの頃は夏になると、家族でキャンプに行った。
- 運動会の前の日になると、いつもおなかが痛くなった。
- 弟は犬が嫌いで、犬を見ると泣き出したものです。
  ※「いつも」や「～たものだ」と一緒に使われることが多い。

相手のために前もって何かを注意するとき、「～と、～。」
という表現をよく使うよ。
・毎日練習しないと、上手になりませんよ。
・急がないと、遅刻するよ。
・甘いものばかり食べると、太るよ。

練習しよう①

正しい方を選びなさい。

1. ここを真っすぐ行くと、(右に曲がってください・駅に出ます)。

2. 眼鏡を掛けないと、(よく見えません・よく見えます)。

3. ここは冬になると、(スキーをしたいです・スキーができます)。

4. 学生時代は休みになると、(旅行したものです・旅行したことがあります)。

5. ちゃんと薬を (飲むと・飲まないと)、病気が治りませんよ。

練習しよう②

文を完成させなさい。

1. 毎年夏になると、＿＿＿＿＿＿＿＿＿＿＿＿＿＿＿＿＿＿＿＿＿＿＿＿。

2. このボタンを押すと、＿＿＿＿＿＿＿＿＿＿＿＿＿＿＿＿＿＿＿＿＿＿。

3. 大人になると、＿＿＿＿＿＿＿＿＿＿＿＿＿＿＿＿＿＿＿＿＿＿＿＿＿。

4. 勉強しないと、＿＿＿＿＿＿＿＿＿＿＿＿＿＿＿＿＿＿＿＿＿＿＿＿＿。

5. この道を真っすぐ行くと、＿＿＿＿＿＿＿＿＿＿＿＿＿＿＿＿＿＿＿＿。

≫≫≫ 自分のことばで...!

① 「～と、～」は、「月にかさがかかると、翌日雨が降る」のように言い伝えによく使われます。
自分の国の言い伝えを、「～と、～」の形で書いてみましょう。

② 子どもの頃、学生の頃の習慣を「～と、～した」の形で書いて、説明してみましょう。

- -

「直してみよう」の答え
①駅に着いたら、電話してください。　②夏になったら、海へ行きましょう。

どこがダメ？

❶ 日_ひにちを変更_{へんこう}すれば、何日_{なんにち}が
よろしいですか。

❷ 先生_{せんせい}に話_{はな}したら、どんな話_{はな}し方_{かた}を
すればいいですか。

✏ 直してみよう

❶

----

❷

----

①「日にちを変更すれば」と言っているのに、その後どうなるのか結果を言っていない。

②「先生に話したら」と言っているのに、話す前にしなければならない相談をしている。

☞ ポイントチェック

	順番が…	
__A__ ば、__B__ 。 __A__ たら、__B__ 。 __A__ なら、__B__ 。	A➡B	・北海道へ行けば、カニが食べられる。 ・来週北海道へ行ったら、カニを食べよう。 ・もし北海道へ行くなら、カニを食べてください。
	B➡A	✕ ・北海道へ行けば、ホテルを予約します。 ✕ ・北海道へ行ったら、ガイドブックを買っておきます。 〇 ・北海道へ行くなら、ガイドブックを買っておいた方がいいよ。

「__A__ ば、__B__ 。」と「__A__ たら、__B__ 。」では、Bは「Aの後どうなるか、またはどうするか」について表します。なので、起きる順番はAが先でBが後でなければなりません。そうすると、①②ではそれぞれ「日にちを変更する→何日がいいか聞く」「先生と話す→どんな話し方をすればいいか聞く」という順番になってしまいます。しかし、何日がいいか聞くのは日にちを変更する前でないと変ですし、どんな話し方をすればいいか聞くのは先生と話す前でないと変です。このように、起こる順番がB→Aの場合、使えるのは「～なら」だけです。

😟 やってみよう

正しい方を選びなさい。

1. 連休に旅行（ すれば・するなら ）どこがいいかなあ。

2. リラックスしようと思って温泉に（ 行ったら・行くなら ）かえって疲れてしまった。

3. 就職活動で欠席（ したら・するなら ）、先生に許可を取ってください。

文法 プレイバック

「〜ば」と「〜たら」の基本的な使い方を確認しましょう。

■「 A ば、 B 。」

Aの状況になるといつもBになることを表します。どうすればBが成立するのか、その条件を言うときによく使います。

- ちりも積もれば、山となる。
- 今から行けば、1時の新幹線に間に合いますよ。
- このアプリで毎日勉強すれば、覚えられると思う。

  ※Bに「〜よう)」「〜たい」などの意志を表す表現は使えない。しかし、Aが形容詞など、状態を表す言葉の場合は使える。

- もし暑ければ言ってください。エアコンをつけますから。
- 質問があれば、お願いします。

■「 A たら、 B 。」

Aの後どうなるか／どうするか、もしAが起きた場合どうなるか／どうするかということを表します。話し言葉でよく使います。

- もし宝くじが当たったら、何を買おうかな。
- 地震が起きたら、すぐ火を消してください。
- 年を取ったら、田舎でのんびり暮らしたい。

> 「〜てください／〜したい」など後ろに
> 何でも使えるのは「たら」だけ！

練習しよう①

文を完成させなさい。

1. 明日雨が降ったら、_____。

2. もし休暇が取れれば _____。

3. お金と時間があったら _____。

4. この薬を飲めば _____。

5. 学校を卒業したら _____。

練習しよう②

下の絵を日本語で文にしなさい。

_____

▶▶▶▶▶ 自分のことばで...!

① 「朱に交われば赤くなる」などのように「〜ば、〜」はよくことわざに使われます。「〜ば、〜」を使って自分のオリジナルことわざを作ってみましょう。意味も書きましょう。

※「朱に交われば赤くなる」＝人は付き合う人によって良くも悪くもなるという意味。

- -

「直してみよう」の答え
①日にちを変更するなら、何日がよろしいですか。　②先生に話すなら、どんな話し方をすればいいですか。

レッスン
34

どこがダメ？

❶ 駅<small>えき</small>に着<small>つ</small>くなら、電話<small>でんわ</small>してください。

❷ あなたも大人<small>おとな</small>になるなら、分<small>わ</small>かります。

✏ 直してみよう

❶

_____

❷

_____

①駅に着かないことがあるのかと誤解されてしまう。いつ電話したらよいのか
よく分からない。
②「大人にならないことがある」という意味になるが、そんなことはないので不
自然な日本語になる。

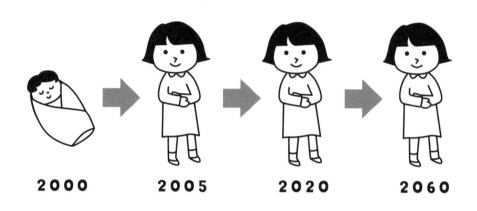

2000 　　 2005 　　 2020 　　 2060

ポイントチェック

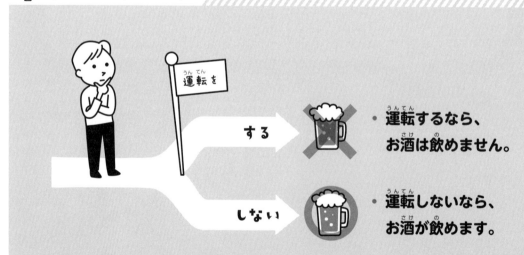

運転を

する　→　・運転するなら、
　　　　　　お酒は飲めません。

しない　→　・運転しないなら、
　　　　　　お酒が飲めます。

「　Ａ　なら、　Ｂ　。」の「Ａなら」は、未来のことを仮定する使い方があります。
選ぶ内容がＡなのか、Ａじゃないのかによって、Ｂが変わります。なので、「駅に着
く」「大人になる」のような、確実に起こることに「～なら」を使うと、そうならな
い場合があるかのように聞こえて不自然です。このように後で確実に起こること
などについては「～ば」や「～たら」を使います（レッスン33を見てください）。

😊 やってみよう

正しい方を選びなさい。

1. 9時に (なるなら・なったら) 門が開く。

2. これ、読みますか。もし (読むなら・読んだら) 貸しますよ。

3. 明日に (なれば・なるなら) 熱も下がるでしょう。

文法 プレイバック

他の「～なら、～。」の使い方を整理しましょう。「～なら、～。」は会話でよく使われます。
Bには話す人の意見や希望、アドバイスなどが来ます。

■ 相手の話を受ける

- A：ちょっと出掛けてくるよ。
  B：出掛けるなら、この手紙を出してきて。

- A：田中さんは？
  B：田中さんなら、食堂にいましたよ。

- A：今度沖縄に行くんですよ。
  B：沖縄へ行くなら、水着を持っていった方がいいですよ。
  　　沖縄はもう泳げますから。

- 真理：これ買おうかな。
  りさ：真理ちゃんが買うなら、私も買おう。

■ 様子・状況を受ける

- （相手が出掛ける支度をしているのを見て）
  出掛けるなら、この手紙を出してきて。

- （相手が納豆に手を付けていないのを見て）
  嫌いなら、食べなくてもいいんですよ。

- 月曜日は忙しいですが、火曜日なら空いています。

■ 話題を提示する（名詞＋なら）

- ラーメンならまんぷく軒がおいしいですよ。

練習しよう①

文を完成させなさい。

1. 後でおごってくれるなら、_____。

2. 希望の大学に入りたいなら _____。

3. 日曜日は暇ですか。暇なら _____。

4. 英語は苦手ですが、中国語なら _____。

5. 面白いゲームなら _____。

練習しよう②

Aさんにアドバイスする会話を作ってください。

A：日本で就職したいと思っています。

B：_____

自分のことばで...!

①日本人の友達が、今度あなたの国に行くと言っています。その話を受けて、準備した方がいい物や、あなたの国でした方がいいことなど、アドバイスをしてあげましょう。

「直してみよう」の答え
①駅に着いたら、電話してください。　②あなたも大人になれば、分かります。

レッスン **35**

どこがダメ？

❶ プレゼントの箱を開けると、
指輪が入りました。

❷ 朝、窓を開けると、雪が降りました。

✏ 直してみよう

❶
_____

❷
_____

①プレゼントの箱を開けたときに、指輪が入ったという意味になる。
②窓を開けたのをきっかけに、雪が降りだしたという意味になる。

👆 ポイントチェック

_____ A _____ と、_____ B _____ 〜（てい）た。

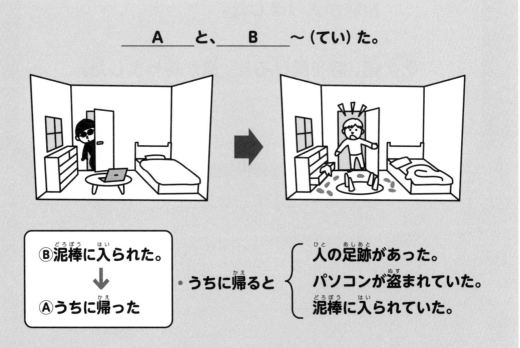

Ｂ泥棒に入られた。
↓
Ａうちに帰った

・うちに帰ると ┤ 人の足跡があった。
パソコンが盗まれていた。
泥棒に入られていた。

「 A と、 B 。」には、AをしたらBの状態を発見したということを表す使い方もあります。何かを発見するためには、Aの前にもうBの状態になっていなければならないので、Bには過去の形で「○○があった／見えた／〜ていた」などの状態を表す表現が来ます。ですから、①②の「入った」「降った」のように状態ではない表現は使えません。また、Bには自分の行動も入りません（自分がしたことを発見するのは不自然）。

😖 やってみよう

正しい方を選びなさい。

1. ホテルの部屋の窓を開けると、(湖を見た・湖が見えた)。

2. 私がテレビをつけると、古い日本映画を (やっていた・見ました)。

3. 駅を出ると、大きな広場が (あった・あっていた)。

文法 プレイバック

「～と、～た」の使い方について整理しましょう。

■「 A と、 B た。」

(1) 発見

- 家に帰ると、母から手紙が来ていた。
- 待ち合わせの場所に行くと、みんな集まっていた。

(2) きっかけ

- その男が笛を吹くと、子どもたちが集まってきた。
- 王子がキスをすると、白雪姫は目を覚ました。

(3) 連続した出来事の説明

- 兄は酔っぱらって帰ってくると、そのままソファで寝てしまった。

「～たら、～た。」でも同じように発見や驚きを表す使い方があるよ。
- 友達だと思って声を掛けたら、違う人だった。
- 目が覚めたら、公園のベンチで寝ていた。

練習 し よ う ①

文を完成させなさい。

1. 振り返ると、＿＿＿＿＿＿＿＿＿＿＿＿＿＿＿＿＿＿＿＿＿＿＿＿＿＿＿＿＿。

2. 山の上から下の方を見ると、＿＿＿＿＿＿＿＿＿＿＿＿＿＿＿＿＿＿＿＿＿。

3. ＿＿＿＿＿＿＿＿＿＿＿＿＿＿＿＿＿＿＿＿＿＿と、扉が開きました。

4. ＿＿＿＿＿＿＿＿＿＿＿＿＿＿＿＿＿＿＿＿たら、壊れてしまった。

5. ドアを開けたら、＿＿＿＿＿＿＿＿＿＿＿＿＿＿＿＿＿＿＿＿＿＿＿＿。

練習 し よ う ②

下の絵を日本語で文にしなさい。

＿＿＿＿＿＿＿＿＿＿＿＿＿＿＿＿＿＿＿＿＿＿＿＿＿＿＿＿＿＿＿＿＿＿＿

>>>>> 自分のことばで...!

① 「～（する）と、～た。」を使って、何かを発見した体験について書いてみましょう。

② 「ある朝、目が覚めると巨大な虫になっていた」という書き出しの、「変身」という有名な小説があります。同じように、「ある朝、目が覚めると…」を使って、物語の書き出しを作って、タイトルも考えてみましょう。

- -

「直してみよう」の答え
①プレゼントの箱を開けると、指輪が入っていました。　②朝、窓を開けると、雪が降っていました。

レッスン
36

どこがダメ？

① 留学して初めて、
親のありがたさを知っていた。

 直してみよう

① _____

①「初めて」と言っているのに「留学する前からずっと」という意味になっているので、不自然。

👆 ポイントチェック

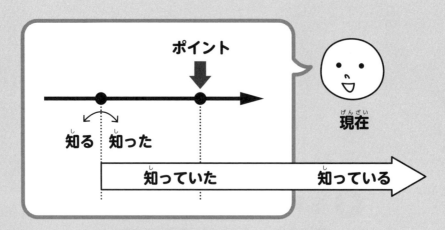

　「知った」は新しい知識を初めて得たその時のことを表します。そして、何かを知った後の、もう知識がある状態を「知っている」と言います（「知る→知った→知っている」という順番）。「知っていた」は、過去に知識を持っていたという状態を表す表現です。なので、①の「留学して初めて」のように、その時初めて知識を得たと言いたいときに「知っていた」と言うと、不自然になります。

😝 やってみよう

正しい方を選びなさい。

1. 初めから本当のことを（ 知った・知っていた ）のに、何も言わないなんてひどい！

2. 彼女からの手紙を読んで、やっと彼女の気持ちが（ 分かった・分かっていた ）。

3. 今回の調査で初めて（ 分かった・分かっていた ）ことを、論文で発表した。

文法 プレイバック

過去のことを表す文の中の「〜た」と「〜ていた」の使い方を確認しましょう。

■ ___A___ たとき、___B___ た。

AとBが同時に起こることを表します。「ちょうど」と一緒に使うことが多いです。

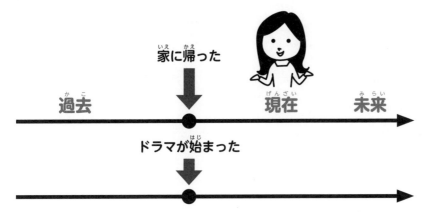

- 家に帰ったとき、ドラマが始まった。
- 朝起きたとき、宅配便が来た。
- チームの選手がゴールを決めたとき、ちょうど試合終了の笛が鳴った。

■ ___A___ たとき、___B___ ていた。

Aの前にBが起こっていたことを表します。「もう」「すでに」と一緒に使うことが多いです。

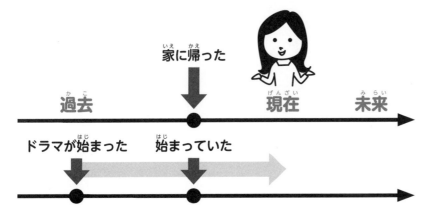

- 家に帰ったとき、もうドラマは始まっていた。
- 朝起きたとき、家族はもう出掛けていた。
- パーティー会場に着いたとき、乾杯はすでに終わっていた。

練習しよう①

正しい方を選びなさい。

1. この文章を読んで (分かった・分かっていた) ことを全て書き出しなさい。

2. 北海道に (住んだ・住んでいた) ときは、よくスキーをしました。

3. 家に帰ってきたときに、ちょうど荷物が (届いた・届いていた)。

4. 私が会議室に入ったときには、すでに重役たちが席に (座った・座っていた)。

5. 初めて日本に (来た・来ていた) ときはまだ19歳だった。あれからもう20年もたった。

練習しよう②

下の絵を、日本語で文にしなさい。

妻　　　夫

_____

_____

▶▶▶▶▶ 自分のことばで...!

①今まで、何かをして (留学や就職など) 初めて気付いたこと、知ったことについて書いてみましょう。

レッスン
37

どこがダメ？

❶ すみません。この近くに地下鉄の
駅はあるんですか。

❷ 初めまして。マレーシアから
来たラムなんです。

✏ 直してみよう

- -

①イライラしながら不満を言っているように聞こえるので、相手に失礼になる。
②名前の他にも、何か言いたいことがあるように聞こえる。

☝ ポイントチェック

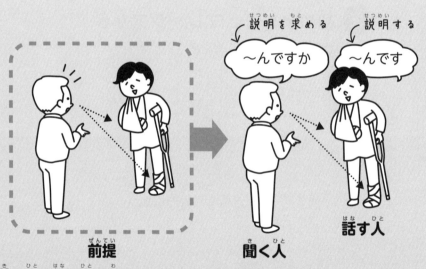

説明を求める　　説明する

～んですか　　　～んです

前提　　　　　　聞く人　　　話す人
（聞く人も話す人も分かっていること）

「～のです／～んです」は、見たり聞いたりしたことと関連付けて話したいときや、相手に話してもらいたいときに使う表現です。例えば友達が手をけがしているのを見つけたときは、そのけがを見たことに関連付けて「どうしたんですか」と質問したり、「実は階段から落ちたんです」と説明したりします。なので、関連付けるものがないときには「～んです」は使いません。ただ事実を質問するときに「～んですか」と言うと、相手を疑っている／不満を持っているという意味に思われることがあるので気を付けましょう。

😜 やってみよう

良い方を選びなさい。

1. もしもし、山田さん（ですか・なんですか）。

2. お弁当は（温めますか・温めるんですか）。

3. A：どうしたの？　遅かったね。

B：遅れてごめん。実はプレゼントを買って（いた・いたんだ）。

文法 ← プレイバック

「〜のです／〜んです」のいろいろな使い方を整理しましょう。

「んです」は話し言葉で使われます。親しい友達や家族には「んだ」、質問では「の？」も使われます。

(1) 事情の説明を求める・事情を説明する

- A：遅かったですね。
  B：すみません。実は財布を家に忘れてしまって、取りに戻ったんです。
- A：あれ？　納豆食べないんですか？／あれ？　食べないの？
  B：うん、ちょっと苦手なんです。／うん、ちょっと苦手なんだ。
- 明日の会には参加できません。実は国から母が来るんです。

(2) 主張したり命令したりする

- （みんなに反対されて）でも、私はどうしてもやりたいんです。
- （疲れている選手を見て）みんな、もっと頑張るんだ。

(3) 発見・驚き

- （意外なところで見つけて）あ、こんなところにあったんだ。
- （すごく若く見える人に）え、こんなに大きいお子さんがいらっしゃるんですか。

(4) 納得

- A：りえこさんはアメリカで育ったらしいよ。
  B：そうか、だから英語が上手なんだ。

(5) 前置き

- ちょっとお聞きしたいことがあるんですが。
- コンサートのチケットが2枚あるんですが、一緒に行きませんか。

練習しよう①

良い方を選びなさい。

1. [お知らせ]テストは701教室で（ 行います・行うんです ）。

2. A：もう昼ご飯を（ 食べましたか・食べたんですか ）。
   B：いいえ、打ち合わせが長引いちゃって、（ まだです・まだなんです ）。
   A：私もです。じゃあ、一緒に行きましょう。

3. [ご飯を5杯お代わりする様子を見て]まだ（ 食べますか・食べるんですか ）。

4. ちょっと（ 確認したいです・確認したいんです ）が、よろしいでしょうか。

5. 来週のアルバイトを代わってくれませんか。学校のイベントが（ あります・あるんです ）。

練習しよう②

AとBの会話を考えて、日本語で書きなさい。

A：_____

B：_____

⟩⟩⟩⟩ 自分のことばで...!

①相手はあなたを見て驚いています。「どうしたんですか」と聞かれたので、「実は……」と
言って状況を説明しましょう。

「直してみよう」の答え
①すみません。この近くに地下鉄の駅はありますか。　②初めまして。マレーシアから来たラムです。

どこがダメ？

❶ 最近日本人と友達になりました。
あの子はゆきちゃんといいます。

❷ A：もんじゃ焼きって知ってる？
B：あれは何？

✏ 直してみよう

❶ _____

❷ _____

①誰について話しているのか聞いている人が分からなくて困ってしまう。
②何について聞き返されたのかが分からない。

☝ ポイントチェック

「これ、それ、あれ」などの「こ」「そ」「あ」の言葉は、自分と相手からの距離で決まる使い方の他に、会話をするときの使い方があります。会話のときは、話す人も聞く人も知っていることには「あ」の言葉、自分しか知らないこと、または相手しか知らないことについては「そ」の言葉を使います（しかし、自分がよく知っていることや特に身近なことについて話し始めるときは、「こ」の言葉を使うこともあります）。

自分のことを話したり、スピーチをしたりするときは、聞いている相手は話の内容を知らないはずなので「あ」の言葉を使うのは不自然です。

☻ やってみよう

正しい方を選びなさい。

1. 聞いてください。昨日（ こんな・そんな ）ことがあったんです。

2. 私の好きな場所を紹介します。（ それ・あれ ）はうちの近所にある古い喫茶店です。

3. 武田さんにもらったの？ （ その・あの ）人、本当に優しいよね。

文法 プレイバック

会話のときの「こ・そ・あ」の使い方を確認しましょう。

■「こ」：これ・ここ・この・こんな

- 皆さん、こんな話を知っていますか。あるところに貧乏な若者がいて…。

■「そ」：それ・そこ・その・そんな

- 散歩をしていたら、小さな公園を見つけました。そこは緑が多くて、池もあって本当に
  すてきな所でした。
- A：昨日初めてゴーヤーチャンプルを食べたんです。
  B：それは、どんな料理ですか。

■「あ」：あれ・あそこ・あの・あんな

- A：今度の週末に駅ビルにあるイタリアンレストランに行かない？
  B：うーん、あそこは高いわりにサービスがよくないから、別の店にしようよ。
- A：ねえねえ、昨日先生が言ってたこと、あれ、何だっけ？
  B：ああ、新しい研究会のこと？

> 「あ」は自分の頭の中のイメージや過去を回想するときにも使うよ。
> - 高校時代か…。あの頃はよかったな。あの日に戻りたいよ。

練習しよう①

正しい方を選びなさい。

1. A：恐山に行ってみたいんですよ。
   B：(これ・それ) はどんなところですか。恐ろしいところ？

2. (こんな・そんな) 話、信じてもらえないかもしれないけど、実はUFOを見たんです。

3. A：昨日は大変だったね。コーチに (あんな・そんな) こと、言われたからって気にするなよ。
   B：うん、でも…。僕が悪いから。

4. A：山田さんという方が訪ねてきましたけど。
   B：(その・あの) 人、どんな人でしたか？

5. A：田中って面白いよね。
   B：ほんと、(そいつ・あいつ) のおかげで毎日楽しいよ。

練習しよう ②

AとBの会話を考えて、日本語で書きなさい。

A: _____

_____

B: _____

_____

▶▶▶▶ **自分のことばで...!**

①自分の好きな場所や物、人について紹介する文を書きましょう。「私の好きな場所は○○です。」のように、まず名前を言って、その後説明してください。

「直してみよう」の答え
①最近日本人と友達になりました。その子はゆきちゃんといいます。　②A：もんじゃ焼きって知ってる？　B：それは何？

レッスン **39**

どこがダメ？

❶ こちらでお待_まちしてください。

❷ 御社_{おんしゃ}へは当社_{とうしゃ}の課長_{かちょう}が
いらっしゃいます。

✏️ 直してみよう

❶

❷

①相手の立場を下げてしまっている。
②相手の会社の立場を上にしなければならないのに、自分の上司に立場を上げる言葉（尊敬語）を使ってしまっている。

御社・貴社
（相手の会社）

当社・弊社
（自分の会社）

☝ ポイントチェック

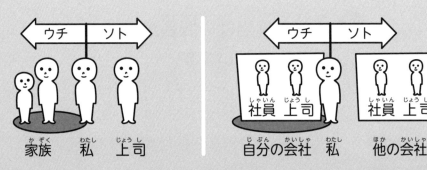

日本語は、初めて会った人と話すときや、会社などのビジネスの場面では、相手側（ソトの人）の行動について、立場を上げる尊敬語と、自分側（ウチの人）の行動について、立場を下げる謙譲語を使って丁寧に話すのがマナーです。①では、待つのは相手なので、立場を上げる尊敬語を使わないと失礼になります。②では、相手が他の会社の社員（ソトの人）なので、上司（自分の会社の社員）はウチの人となり、上司の行動でも謙譲語を使わなければなりません。

😊 やってみよう

正しい方を選びなさい。

1. 田中さん、社長は明日何時に（ いらっしゃいますか・参りますか ）。

2. 皆さまからのリクエストを（ お待ちして・お待ちになって ）います。ではまた来週。

3. こちらに（ お座りして・お座りになって ）お待ちください。

文法 プレイバック

敬語表現（尊敬語と謙譲語）の表現を整理しましょう。

■ 尊敬語：ソトの人の行動などを高く表現する

(1) お+ 動詞ます +になる

　　ご+ 漢語 +｛ になる / なさる ｝

- 社長、新聞をお読みになりますか。
- ご予約なさいますか。

(2) お+ 動詞ます +（になって）ください

　　ご+ 漢語 +ください

- 少々お待ちください。
- 至急ご連絡ください。

(3) ～される／～れる（受身形と同じ）

- 田中先生が勲章を受章されたそうです。

(4) お+ 動詞ます +です

- 何かお探しですか。

(5) 名詞　　・ お名前　・ ご家族　・ 御社　・ 貴社　・ 貴殿

■ 謙譲語：ウチの人の行動などを低くして、ソトの人の立場を上げる表現

(1) お+ 動詞ます +する　・ 今度お会いするときに、写真をお持ちしますね。

　　ご+ 漢語 +する　・ お客さまをご案内します。

(2) 名詞　　・ 当社　・ 弊社　・ 粗品　・ 私ども

■ 特別な形のあるもの

以下は、尊敬語／謙譲語に特別な言葉があるものです。

尊敬語		謙譲語
召し上がります	食べます／飲みます	いただきます
いらっしゃいます	います	おります
いらっしゃいます	行きます／来ます	参ります、伺います
おっしゃいます	言います	申します
なさいます	します	いたします
ご存じです	知っています	存じております
ご存じではありません	知りません	存じません
ご覧になります	見ます	拝見します

練習しよう①

（　）を適当な敬語表現にして書きなさい。

1. ガイド：皆さま、あちらを ＿＿＿＿＿＿＿＿＿＿＿＿＿＿。（見てください）

2. 初めまして。私は韓国から ＿＿＿＿＿＿＿＿＿＿＿＿＿＿。（来ました）

3. 部長、このニュースを ＿＿＿＿＿＿＿＿＿＿＿＿。（知っていますか）

4. 上田先生、先生が ＿＿＿＿＿＿＿＿＿＿＿論文を読ませていただきました。（書いた）

5. 私が知っていることは全て ＿＿＿＿＿＿＿＿＿＿＿。（話しました）

6. どうぞ、＿＿＿＿＿＿＿＿＿＿＿＿＿＿＿＿。（入ってください）

練習しよう②

下の絵を見て、社員の言葉を書きなさい。

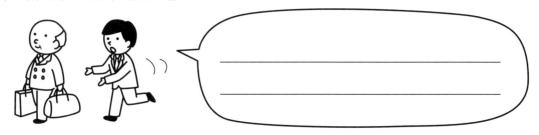

自分のことばで...！

① あなたはデパートで働いています。来店したお客さまを迎えて商品やサービスについて、説明してください。

② あなたは日本の会社で働くことになりました。上司や同僚に、自己紹介をしてください。

「直してみよう」の答え
①こちらでお待ちください。　②御社へは当社の課長が参ります。

各レッスンの解答

※文を作る問題などは、解答の例です。

レッスン01

【やってみよう】
1. に　2. に

【練習しよう①】
1. バザーが10時から4時まで体育館で行われる。
2. 山でサルが木の実を探している。
3. 渡り鳥が大空を飛んでいく。

【練習しよう②】
1. 子どもがはさみで紙を切っている。

レッスン02

【やってみよう】
1. 教えることです　2. しています
3. ないからです
4. 勉強しています

【練習しよう①】
1. 私の将来の夢は通訳になることです。
2. テストで失敗したのは、勉強する箇所を間違えたからです。

【練習しよう②】
1. 大勢人が並んでいるのは、新しいゲームソフトが発売されるからです。
2. 毎日ラジオを聴いているのは、聴解の練習になるからです。
3. スーツを買ったのは、就職試験を受けるからです。／就職試験を受けるためです。

レッスン03

【やってみよう】
1. さして　2. 開けて　3. 見て

【練習しよう①】
1. 野菜と肉を炒めて、調味料で味付けします。
2. 昨日は友人とライブハウスに行って、コンサートを楽しんだ。
3. 大通りで手を挙げて、タクシーを止めました。

【練習しよう②】
1. 事故があって、電車が止まっている。
2. みんなに褒められて、ちょっとやる気が出た。
3. 夜更かししたせいで寝坊して、新幹線に乗り遅れた。

レッスン04

【やってみよう】
1. 珍しい　2. 記述　3. 聞いた　4. との
5. 山田さんの

【練習しよう①】
1. 1カ月かけて作った作品が、優秀賞に選ばれました。
2. 見た目がきれいで味もいいケーキを探しに行きました。

【練習しよう②】
1. ソファに座って本を読んでいる女の人
2. ソファの横に立ってワインを飲んでいる男の人

レッスン05

【やってみよう】
1. 嫌いだ　2. 辛い　3. 地味だ

【練習しよう①】
1. 現在、この2国間で起こっている競争は大変激しいそうです。
2. 将来、新しいシステムが採用されるのは確実だそうです。

【練習しよう②】
1. きれいなはず　2. 厳しそう　3. するどいので
4. おとなしすぎる　5. 楽なようだ

レッスン06

【やってみよう】
1. だけ　2. しか寝なかった
3. しか行ったことがない

【練習しよう①】
1. しか書けていません
2. 聞くだけ

【練習しよう②】
1. お客さんが一人しかいません。
2. 一人だけTシャツを着ています。

レッスン07

【やってみよう】
1. 思っています　2. うれしそうだった
3. 行きたがります

【練習しよう①】
1. 思っています　2. 思います
3. 心配なようです
4. 悲しそうです　5. やめたいらしいです

【練習しよう②】
1. 歯が痛そうです。／歯を痛がっています。

レッスン08

【やってみよう】
1. かけて　2. 食べながら

【練習しよう①】
1. B　2. A　3. B　4. B　5. A　6. B　7. B
8. A

【練習しよう②】
1. 音楽を聴きながらジョギングしています。
2. 電車に乗ってスマホを見ています。
3. アルバイトをしながら、大学に通っています。

レッスン09

【やってみよう】
1. 見る　2. 聞こえる　3. 始めたい　4. 流して

【練習しよう①】
1. A　2. B　3. B　4. A　5. B

【練習しよう②】
1. 大会で優勝するために、毎日トレーニングに励んでいます。
2. 外国人にも分かるように、やさしい日本語で説明します。

レッスン10

【やってみよう】
1. 読んでいません　2. 結婚しません
3. 治りません　4. 弾けません

【練習しよう①】
1. A　2. B　3. B　4. A　5. A

【練習しよう②】
1. 出していない　2. 見ないで／開けないで
3. 言っていない

レッスン 11

【やってみよう】
1. いかなかった　2. 進まない　3. 間に合う
4. 分からなかった

【練習しよう①】
1. 落ちます／落とせます　2. 動かない
3. 流れない／流せない　4. 点く　5. 出ません

【練習しよう②】
1. 荷物が多くて、スーツケースに入りません。

レッスン 12

【やってみよう】
1. 見えた　2. 見られる
3. 聞こえますか、聞こえます　4. 聞ける

【練習しよう①】
1. 聞こえません　2. 行けなかった　3. 見える
4. 書けない　5. 見られる　6. 見えない
7. 聞けなかった　8. 飲めません
9. 連絡できなかった　10. 持てる

【練習しよう②】
1. 窓から美しい山と湖が見えます。鳥の声も聞
　こえます。花も咲いていてとてもすてきな所で
　す。…

レッスン 13

【やってみよう】
1. B　2. A

【練習しよう①】
1. が　2. を　3. が、を　4. を　5. を、が
6. を

【練習しよう②】
1. が　2. が　3. を　4. が　5. を　6. を

レッスン 14

【やってみよう】
1. で　2. に

【練習しよう①】
1. で　2. で　3. に　4. に　5. に　6. で　7. で
8. に

【練習しよう②】
1. 大きな桜の木があります
2. 夏祭りが行われます
3. 今、誰もいません
4. 留守番をしています

レッスン 15

【やってみよう】
1. が　2. は、は

【練習しよう①】
1. は　2. が　3. は、は　4. が　5. は

【練習しよう②】
公園の真ん中に噴水があります。ベンチに女の人
が座っています。子どもが遊んでいます。

レッスン 16

【やってみよう】
1. は　2. が　3. は

【練習しよう①】
1. が、が　2. は、は　3. が

【練習しよう②】
1. いつが一番忙しいですか
2. 誰がアメリカ出張に行くんですか
3. テストの中で何が一番苦手ですか

レッスン17

【やってみよう】
1. が　2. が　3. は、が

【練習しよう①】
1. の　2. が　3. は　4. が　5. は

【練習しよう②】
1. A　2. B

レッスン18

【やってみよう】
1. 作っています　2. です、来ました
3. いいですよ

【練習しよう①】
1. か　2. よ　3. か　4. ね

【練習しよう②】
1. あ、スマホを忘れていますよ。

レッスン19

【やってみよう】
1. 母に叱られた
2. 弟は隣のおばさんに褒められた
3. 男性が蛇にかまれた

【練習しよう①】
1. 友達に夏祭りに誘われた
2. 僕のチームの選手は相手チームの選手に倒された
3. 村人が熊に襲われた
4. 彼は友達のメールに励まされた
5. 洪水でその家は川に押し流された

【練習しよう②】
ドアに挟まれてしまいました。

レッスン20

【やってみよう】
1. 母に漫画を捨てられた
2. 犬に頬をなめられた
3. 誰かに名前を呼ばれた

【練習しよう①】
1. に　2. に、を　3. に　4. を　5. を　6. に

【練習しよう②】
1. 誰かに自転車を盗まれました。
2. おばあさんに頭をなでられました。

レッスン21

【やってみよう】
1. ここに新しい駅が作られます
2. 3月に卒業式が行われます
3. ワインはぶどうから作られます

【練習しよう①】
1. クリスさんは寝ぼけて変なことを言ったので、みんなに笑われた。
2. 法隆寺は聖徳太子によって建てられました。

【練習しよう②】
1. 家の前に大きな車を止められて、困りました。
2. 12月25日（金）18時から2階ホールでクリスマスパーティーが行われます。

レッスン22

【やってみよう】
1. 立たせました　2. 読まれました
3. させました

【練習しよう①】
1. 母親は子どもに部屋を片付けさせた。
2. 先生はその問題について学生にグループで話し合わせた。

【練習しよう②】
1. 先生は学生をグラウンドに座らせた。
2. おばあさんは孫にお菓子をたくさん食べさせた。

レッスン23

【やってみよう】
1. 泣かせた　2. 怒った　3. 怒らせた

【練習しよう①】
1. その子どもは、大人でも解けない数学の問題を解いて、みんなをびっくりさせた。
2. 日本チームは相手チームに大差で負けて、ファンをがっかりさせた。

【練習しよう②】
1. 子どもは塀に落書きをして、家の人を怒らせた。
2. 漫才師がお客さんを笑わせている。

レッスン24

【やってみよう】
1. 教育する　2. 教育させた

【練習しよう①】
1. 頼んだ　2. 教育させた

【練習しよう②】
1. 先生は子どもたちに荷物を預けさせた。

レッスン25

【やってみよう】
1. 作っています　2. 歌わされて
3. 食べさせられて

【練習しよう①】
1. 走らされる　2. 買わされた

【練習しよう②】
1. 少年　2. 友達　3. 赤ちゃん

レッスン26

【やってみよう】
1. 考えさせられた　2. 驚かれた　3. 感心させた

【練習しよう①】
1. 痛感させられた　2. 思って
3. 感動させられた　4. 考えさせた
5. びっくりされた

【練習しよう②】
1. 息子の危ない運転にハラハラさせられた。
2. 市の対応が遅いことに、がっかりさせられた。

レッスン27

【やってみよう】
1. 出しました　2. 描いてあげました
3. ご案内いたします

【練習しよう①】
1. 買ってあげよう　2. お知らせします
3. 連れていってあげた　4. 教えてあげて
5. 送った

【練習しよう②】
1. 風船をとってあげた。
2. 病気の田中さんに、食べ物や飲み物を買っていってあげた。

レッスン28

【やってみよう】
1. 作ってくれました　2. 紹介してくれた
3. 破った

【練習しよう①】
1. 来てくれて　2. 来て　3. 代わってもらった
4. してくださいました　5. された

【練習しよう②】
1. 食べてもらった　2. お金を貸してくれた

レッスン29

【やってみよう】
1. 答えて　2. 出席させて　3. くださいました

【練習しよう①】
1. 森　2. 鈴木　3. 僕　4. 私　5. 友達

【練習しよう②】
1. 林さんに新しいアパートを紹介して
2. 上司にアメリカに研修に行か

レッスン30

【やってみよう】
1. 決めた　2. ついている　3. 閉まります

【練習しよう①】
1. 自動詞　2. 他動詞　3. 他動詞　4. 自動詞
5. 他動詞

【練習しよう②】
A. 出ている　B. 出しているんだ

レッスン31

【やってみよう】
1. を汚して　2. 落ちて　3. を切って

【練習しよう①】
1. 壊してしまった　2. 詰まって　3. なくして
4. 倒れた　5. 挟んで

【練習しよう②】
1. 頭を机にぶつけてしまった

レッスン32

【やってみよう】
1. 電気がつきます　2. 終わったら
3. 悲しくなります

【練習しよう①】
1. 駅に出ます　2. よく見えません
3. スキーができます　4. 旅行したものです
5. 飲まないと

【練習しよう②】
1. ここに大勢の観光客がやって来ます
2. ロボットが動きだします
3. 責任が増えます
4. 進級できませんよ　5. 駅前広場に出ます

レッスン33

【やってみよう】
1. するなら　2. 行ったら　3. するなら

【練習しよう①】
1. 遠足は中止です　2. 温泉に行こうと思う
3. 外国で学びたい　4. 治りますよ
5. 帰国するつもりです

【練習しよう②】
1. 宝くじが当たったら、世界一周旅行に行きたい。

レッスン34

【やってみよう】
1. なったら　2. 読むなら　3. なれば

【練習しよう①】
1. 宿題を手伝ってあげるよ
2. もっと勉強しなければなりませんよ
3. 一緒に映画を見に行きませんか
4. 少し話せます　5. やってみようかな

【練習しよう②】
1. 日本で就職したいなら、まず会社説明会に行っ
てみるといいですよ。

レッスン35

【やってみよう】
1. 湖が見えた　2. やっていた　3. あった

【練習しよう①】
1. 先生が立っていた
2. 家がたくさん並んでいるのが見えました
3. 「開けゴマ」と言うと
4. ガラスの人形にちょっと触ったら
5. 猫が飛び込んできた

【練習しよう②】
1. 光っている竹を切ると、中に女の子がいました。

レッスン36

【やってみよう】
1. 知っていた　2. 分かった　3. 分かった

【練習しよう①】
1. 分かった　2. 住んでいた　3. 届いた
4. 座っていた　5. 来た

【練習しよう②】
1. 妻が帰ってきたとき、夫はソファで寝ていました。

レッスン37

【やってみよう】
1. ですか　2. 温めますか　3. いたんだ

【練習しよう①】
1. 行います　2. 食べましたか、まだなんです
3. 食べるんですか　4. 確認したいんです
5. あるんです

【練習しよう②】
A：眠そうだね。どうしたの？
B：実は昨日遅くまでゲームをしていたんだ。

レッスン38

【やってみよう】
1. こんな　2. それ　3. あの

【練習しよう①】
1. それ　2. こんな　3. あんな
4. その　5. あいつ

【練習しよう②】
A：あのラーメン屋に行かない？
B：嫌だよ。だってあそこ並ぶんだもん。

レッスン39

【やってみよう】
1. いらっしゃいますか　2. お待ちして
3. お座りになって

【練習しよう①】
1. ご覧ください　2. 参りました
3. ご存じですか　4. お書きになった／書かれた
5. お話ししました　6. お入りください

【練習しよう②】
社長、お持ちします。

各レッスンの対応文法一覧

仲山淳子

流通系企業に勤めた後、日本語教師になって30年。
日本語学校、専門学校、大学、企業、国立の研究所などで日本語を教え、
日本語教師養成講座でも講師を務める。
大手通信会社のeラーニングコンテンツなど、多くの教材開発にも携わる。

日本語文法
ブラッシュアップトレーニング

発行日 　　2021年9月17日（初版）
　　　　　　2024年5月9日（第3刷）

著者 • 仲山淳子
編集 • 株式会社アルク日本語編集部
校正 • 岡田英夫
デザイン・イラスト・DTP • 岡村伊都

印刷・製本 • 萩原印刷株式会社

発行者 • 天野智之
発行所 • 株式会社アルク
　　　　　〒141-0001
　　　　　東京都品川区北品川6-7-29　ガーデンシティ品川御殿山
　　　　　Website：https://www.alc.co.jp/

落丁本、乱丁本は弊社にてお取り替えいたしております。
Webお問い合わせフォームにてご連絡ください。
https://www.alc.co.jp/inquiry/

PC：7021057
ISBN：978-4-7574-3931-3

地球人ネットワークを創る

アルクのシンボル
「地球人マーク」です。